ANA MATARRANZ   ENRIQUE ARCE

EL FACTOR EDAD

LID

MADRID | CIUDAD DE MÉXICO | BUENOS AIRES | BOGOTÁ
LONDRES | NUEVA YORK
SHANGHÁI | NUEVA DELHI

A todas las personas de las cuatro generaciones
de las que hemos podido aprender.

Colección Acción Empresarial de LID Editorial
Editorial Almuzara S.L.
Parque Logístico de Córdoba, Ctra. Palma del Río, Km 4, Oficina 3
14005 Córdoba.
www.LIDeditorial.com
www.almuzaralibros.com

A member of:

businesspublishersroundtable.com

EAN-ISBN13: 978-84-17880-94-1
Directora editorial: Laura Madrigal
Editora de mesa: Paloma Albarracín
Corrección: Cristina Matallana
Maquetación: www.produccioneditorial.com
Diseño de portada: Juan Ramón Batista
Impresión: Cofás, S.A.
Depósito legal: CO-1936-2023

Impreso en España / Printed in Spain

Primera edición: enero 2024

Te escuchamos. Escríbenos con tus sugerencias, dudas, errores que veas o lo que tú quieras. Te contestaremos, seguro: *info@lidbusinessmedia.com*

ÍNDICE

Agradecimientos

Quiero iniciar este agradecimiento expresando mi profunda gratitud a mi marido, Óscar, por su apoyo infinito a lo largo de mi carrera profesional. Tu constante respaldo en todas las decisiones me ha brindado la fuerza, la luz y la confianza en cada paso que he dado.

A mis padres y hermano Josechu como arquitectos de mi ser y guías espirituales, agradezco la sólida base de valores que habéis construido en mí: esfuerzo, persistencia y respeto. Cada capítulo de este libro lleva la esencia de los fundamentos que habéis edificado en mi vida.

Quiero dedicar unas especiales palabras a mis queridas leales compañeras de camino profesional. Estoy profundamente agradecida por ir siempre de la mano compartiendo ilusiones y retos. Vuestro talento y compromiso son el motor que ha convertido nuestras metas en logros comunes.

A mis hijas, Andrea y Carla, que este libro sea un compendio de sabiduría que os inspire a alcanzar vuestras metas y a enfrentar los desafíos con determinación. Que encontréis en él no solo conocimiento, sino también una fuente de inspiración y la llama de la pasión por aprender y crecer.

Y, como no puede ser de otra manera, a Manuel Pimentel, maestro de letras y guía excepcional. Mi más profunda gratitud por tu confianza y tu insistencia apasionada en dar vida a esta obra. Tu visión perspicaz y tus palabras, como las de un gran sabio, han sido la brújula que ha guiado cada página de este viaje literario.

A nuestros talentosos coautores, los últimos en aparecer, pero sin ellos no hubiera sido posible dar a luz a esta obra. Millones de gracias por vuestra generosidad al compartir la cascada de conocimiento y experiencia con la que nos enriquecéis. Sumado al tiempo invertido en la creación de cada capítulo, conscientes de los sacrificios que esto pudo implicar en nuestras vidas familiares.

Un abrazo enorme,
Ana Matarranz

La lista podría ser muy extensa, pero no podemos dejar de agradecer a todos los autores del libro que, con su entusiasmo, sabiduría y genio han hecho posible este libro porque sin ellos no vería la luz.

Un especial agradecimiento a nuestro editor Manuel Pimentel por confiar desde el primer momento en una obra para difundir la idea de que podemos ser mejor sociedad y mejores empresas si aprovechamos lo que cada edad aporta.

También a Claudia Muñoz, la prometedora ilustradora *millenial* que con su habilidad y gran sensibilidad ha sabido resumir con su dibujo de la contraportada la convivencia intergeneracional.

A todos mis amigos jubilados *baby boomers,* por esas divertidas tardes en las que me han criticado, animado y dado ideas. A José Luís Bilbao, Jorge Ciria y Ramón Bilbao, que me acompañaron cuando era júnior y lo siguen haciendo ahora que somos séniores y a Eduardo Orense, José Ramón Chavarri, Luís Morillas, Alberto Callejo y Luís Muñoz eternos júniores.

Enrique Arce

Prólogo

Todo libro entraña una intrahistoria, una génesis, una idea primigenia. Una idea fundacional que, una vez encarnada, conforma, finalmente, la obra publicada. Ana Matarranz y Enrique Arce, prestigiosos profesionales del aseguramiento y de la gestión de personas, me llamaron para proponer un libro. Tenían muy clara su idea: «Gestionar la diversidad generacional en la empresa —plantearon— supone un enorme reto, dada la combinación de factores vinculados con la edad y con la ineludible necesidad de la transformación digital. Necesitamos aprender el mejor modo de conseguirlo». La idea me pareció brillante y necesaria al mismo tiempo. Ni que decir tiene que, como editor de AlmuzaraLibros y de su sello LID, me mostré entusiasmado con el proyecto, al entender que atesoraba una propuesta de altísimo valor y oportunidad. La presente edición, bajo el acertado título de *El factor edad*, nace con la ambición de convertirse en una obra de referencia para todos aquellos directivos interesados en la inteligente y enriquecedora gestión de la diversidad generacional, convencidos de la fructífera simbiosis que genera la convivencia de personas de diversas edades en el seno de la empresa. Un reto que aún debemos aprender a gestionar y que nos puede proporcionar grandes alegrías personales y empresariales.

Dado el carácter poliédrico de las materias vinculadas a la gestión de la diversidad, los coordinadores, Ana Matarranz y Enrique Arce, seleccionaron a un grupo de profesionales expertos en cada una de las facetas más destacadas, tanto desde el ámbito sociológico, cultural, laboral, de motivación y gestión del talento, previsión, prevención y salud, pensiones, aprendizaje recíproco, de la transformación digital, por citar tan solo algunos de los temas abordados. Un caleidoscopio que nos muestra, de manera práctica, cómo la convivencia de edades bien gestionada redunda en mayor eficacia, satisfacción, motivación y bienestar para todos. La calidad profesional y la amplia experiencia de los autores de cada uno de los capítulos ha conformado esta obra excepcional que aúna rigor teórico con la experiencia útil que nos permite conocer buenas prácticas y logros reales.

El factor edad se convierte, aceleradamente, en unos de los condicionantes más relevantes para la gestión de recursos humanos de esta próxima década. Envejecemos. Somos muchos maduros y mucha menos base joven de reposición. Tenemos que aprender a gestionar la diversidad generacional en el seno de las empresas y este libro nos proporciona el mejor aprendizaje para conseguirlo.

Agradezco a Ana, a Enrique y al resto de autores, su esfuerzo y clarividencia. Cada época tiene sus retos y, con este libro, ayudamos a afrontar al que es, sin duda alguna, el signo de nuestros tiempos.

Manuel Pimentel Siles
Editor de AlmuzaraLibros

Introducción

Cuando se habla de *diversidad,* la variable edad suele tratarse poco a pesar de ser conscientes de que son varias las generaciones coexistentes en la sociedad y la empresa en la actualidad. Este hecho es importante por sí mismo, ya que nos lleva a interesarnos por la convivencia de jóvenes y mayores en un mundo en el que todos debemos encontrar nuestro lugar. Los hechos demográficos son incontestables: la esperanza de vida crece y, aunque en proporciones distintas y cambiantes, participamos en la sociedad niños, adolescentes, jóvenes, adultos, personas maduras y personas seniles.

Pero es que, además, la diversidad de edades es una oportunidad muchas veces no aprovechada para mejorar el mundo. A lo largo de la historia, gran parte del progreso se ha debido al equilibrio entre las ideas innovadoras de los jóvenes y su optimización por parte de los mayores, lo que ha resultado clave. Si solo prosperaran las genialidades sin correcciones, es muy probable que nuestra sociedad fuera más caótica, con menos frenos. Sin embargo, si prevalecieran las costumbres y las formas tradicionales de hacer las cosas, no habríamos prosperado. No hay sociedad o comunidad que no se haya visto influenciada por ambas perspectivas. La cuestión es que unas lo han hecho mejor que otras y, probablemente, todas podrían haberlo hecho mejor.

El factor edad es una variable social que explica mucho de lo que somos y, si la llegamos a gestionar con eficacia, podría hacernos todavía mejores. Por eso hemos escrito este libro.

La diversidad de edad la determina obviamente el año de nacimiento, de manera que un grupo de personas, independientemente del lugar en el que hayan nacido, constituye un grupo etario. Sin embargo, *generación* o *cohorte* se define como un grupo de personas que con una edad determinada han vivido y compartido un acontecimiento demográfico con experiencias formativas y culturales que las distinguen de sus predecesoras.

Actualmente se identifican cinco generaciones en nuestro mercado laboral: veteranos, *baby boomers*, *xers*, *yers* y *centennials* (*zers*), pero conviene tener en cuenta que en España los cortes generacionales no corresponden a los que se hacen en el resto de Europa occidental y Estados Unidos. La etapa de edad que abarca entre los 15 años (*teenagers*) y los 18 años es un período en la vida de intensa socialización, y las experiencias educativas y culturales vividas durante esos años tendrán una gran influencia en cómo seremos en nuestro futuro. Napoleón decía que, para comprender al hombre, debemos saber lo que estaba sucediendo en el mundo cuando tenía veinte años. No podemos decir que un joven de 18 años en 1964 en España pertenezca a la misma generación que un joven de la misma edad en Estados Unidos. Los *baby boomers* que estamos ahora abandonando el mercado laboral en España teníamos 18 años cuando ocurría la transición política, mientras que nuestros coetáneos ingleses, estadounidenses y franceses levaban viviendo años de democracia y libertades. Cuando comenzamos a trabajar y nos encontrábamos en una reunión internacional, quienes tenían nuestra edad no hablaban español y nosotros destrozábamos el inglés; ellos estaban bien formados y nosotros escasamente; ellos tenían una relación con sus jefes de escucha y aprendizaje y nosotros de aceptación de la autoridad.

Por ello, si tuviéramos que caracterizar cada generación en España, distinguiríamos las siguientes:

- **Generación de veteranos (VT).** Nacieron entre 1935 y 1953, por lo que tienen actualmente entre 70 y 88 años. Algunos todavía trabajan (eméritos, jueces, catedráticos, etc.). Nacieron en la guerra y en la posguerra, crecieron en una sociedad de escasez y austeridad y fueron educados en una cultura de esfuerzo y dedicación con pocas oportunidades educativas. Se informaron en torno a la radio. Se incorporaron muy jóvenes al mercado laboral y desarrollaron su carrera prácticamente en una sola empresa (o fueron pluriempleados). Sus planes profesionales siempre pasaron por permanecer fieles a ella, y siempre mostraron gran respeto por la jerarquía y la autoridad. Valoran el sacrificio y la cantidad de esfuerzo más que el esfuerzo de calidad, y siempre han estado más atentos a la presencia que a la consecución de objetivos.

- **Generación del *baby boom* (BB)**. Nacidos entre 1954 y 1969, actualmente tienen entre 54 y 69 años. Observaron desde lejos el Mayo del 68 francés y, aunque movilizaron la universidad, acabaron siendo los *yuppies* a finales de la década de 1980. Crecieron con la televisión en blanco y negro como su principal fuente de entretenimiento. Siendo niños y adolescentes vivieron la transición política y siendo treintañeros asistieron a la incorporación de España al Mercado Común Europeo y, con ello, a un proceso acelerado de modernización del país. Vivieron la gran conversión industrial y los elevados índices de paro de la década de 1980. Esforzados y muy orientados al logro, han estado más orientados a la presencia que a los resultados. Muestran una rotación baja por las dificultades encontradas en la búsqueda de empleo y mayoritariamente se han planteado mantenerse en la empresa hasta la jubilación.

- **Generación X (*xers*)**. Nacidos entre 1970 y 1983, hoy tienen entre 40 y 53 años. El término alude a la juventud británica que rompía con las pautas y costumbres anteriores (*punks*). Nacieron y crecieron con la aparición y el desarrollo del PC y el vídeo y, aunque cuentan con mayor formación académica y experiencia internacional y son más emprendedores, también son más escépticos. Están más orientados a los resultados que a la presencia y prefieren ser valorados por la consecución de objetivos que por el esfuerzo. Valoran la verdad y la transparencia y reclaman mucha comunicación. Dan valor al conocimiento y por ello demandan formación y oportunidades de aprendizaje. Han sido alentados a estudiar y han vivido la competitividad ya desde la universidad (los padres que asistieron a la universidad compartían los apuntes; ellos los vendían). En su lugar de trabajo buscan el balance de la vida personal y profesional. Menos fieles a la empresa, muestran más rotación que las generaciones anteriores.

13

- **Generación Y (*yers*).** Nacidos entre 1984 y 1996, en la actualidad tienen entre 27 y 39 años. Confiados, creativos, decididos e inquisitivos, nacieron con Internet como gran aliado en la búsqueda de información y gran vehículo de comunicación. Son grandes consumidores de tecnología y usuarios de las redes sociales. Abiertos a la polémica y a la familia no tradicional, han crecido en un período histórico de abundancia. Aceptan la diversidad y, aun siendo partidarios del individualismo, se muestran solidarios con los demás. Cuestionan más las cosas que las generaciones anteriores y respetan la autoridad ganada, pero no la impuesta de los galones. Son hábiles con la información, pero no con el conocimiento. Poseen un espíritu más crítico debido a su educación basada en valores democráticos. Aprecian las posibilidades de conciliación, tanto para dedicarse a sus hijos como a sus aficiones. Requieren claridad en las expectativas y evaluaciones a largo plazo.

- **Generación Z (*zers*).** Nacidos después de 1997, hoy tienen 26 años o menos. Nacieron en la abundancia, pero crecieron en la crisis. Son pesimistas, con gran capacidad de adaptación y responsables. Se les llama *niños llave* porque al salir del colegio se encargaban de llegar a casa, merendar y hacer los deberes sin la presencia de sus padres. Nativos digitales, han desarrollado gran dependencia de la tecnología, su mundo es inmediato y pasan mucho tiempo conectados. Buscan compartir más que poseer; no piensan demasiado en comprar coche ni vivienda. Son malos oyentes y en ocasiones cuentan con escasas habilidades interpersonales y para hablar en público. Propenden menos a medidas extremas (terrorismo) y resultan más tolerantes: la diversidad es algo natural y normal. Para ellos prevalece la inteligencia sobre la educación formal y la tecnología sobre el esfuerzo. Educados por sus abuelos, se autocuidan y cuidan de sus hermanos pequeños. Entienden la conciliación como tiempo para uno mismo.

Pero hay que hacer hueco a una nueva generación, integrada por aquellos a los que se comienza a llamar generación *alpha,* que nacieron y crecieron en la crisis y son hijos de los *yers,* quienes no les pueden dar lo que ellos tuvieron. Pertenecen a familias diversas con roles indiferenciados, no escuchan cuentos, miran pantallas y superarán los cien años de vida. Serán incompetentes analógicos y competirán con los robots en el mercado de trabajo. También serán más autosuficientes y emprendedores y su CV estará en la nube. Estarán menos arraigados, tendrán múltiples experiencias culturales y, aunque vivan en un entorno más inestable, se encontrarán muy bien formados. Obviamente no participan todavía del mercado laboral.

Aunque muchas veces no nos reconocemos como pertenecientes a estas generaciones o no nos atrevemos a ubicar a un amigo o familiar en una porque su forma de ser no encaja con el estereotipo, delimitar las generaciones resulta útil para ayudarnos a comprender y a diferenciar estilos de pensar y comportamientos. Evitar el *etarismo* o *edadismo* (término creado en la década de 1960) ya está en la agenda de políticos y empresarios para tomar conciencia de la discriminación por edad, que debe entenderse como tal tanto si se trata de apartar a un mayor por su edad como de no promocionar a un joven por la suya.

La convivencia intergeneracional hace mejor la empresa y la sociedad porque, además de ser un hecho inevitable, permite un juego constructivo: el joven siempre podrá decirnos qué son las cosas y el mayor siempre estará para indicarnos cómo se hacen.

La convergencia de cuatro generaciones en el entorno empresarial es un desafío que nos invita a tejer puentes entre la sabiduría acumulada de nuestros veteranos y la innovación sin límites de nuestros jóvenes. En este crisol de experiencias y perspectivas, encontramos un manantial de aprendizaje mutuo y crecimiento constante. Cada voz, un verso; cada generación, un capítulo en la epopeya de la empresa moderna. En el tapiz de la convivencia intergeneracional, bordamos la historia de la resiliencia y la evolución, y en la armonía de estas voces diversas, forjamos un futuro sólido y lleno de promesas.

Parte 1

EL **FUTURO** YA ESTÁ AQUÍ

1. Demografía, diversidad y mercado laboral

Manuel Álvarez
Vocal asesor del gabinete del ministro de Inclusión,
Seguridad Social y Migraciones

1. Sociedades en transformación demográfica

Las sociedades mutan y lo han hecho desde que existen los registros históricos. Sin embargo, en los últimos cien años, hemos presenciado una aceleración en los procesos de cambio demográfico. Por un lado, la explosión demográfica del siglo XX en el mundo se está conteniendo. Por otro, la esperanza de vida después de la jubilación progresa indefectiblemente, a pesar de la COVID-19, que supuso un ligero retroceso temporal. Estos factores están provocando el envejecimiento de la población, en especial, en las sociedades desarrolladas. A su vez, la tasa de natalidad se ha reducido a mínimos históricos y las estructuras familiares están cambiando.

Es posible, además que las migraciones transformen las sociedades avanzadas en el siglo XXI.

Estos factores condicionan un cambio gradual que, con la perspectiva comparada de las últimas décadas, nos revela una significativa transformación social, que es probable que continue en el siglo XXI.

Vamos a profundizar un poco más en estos componentes demográficos con la doble perspectiva de lo que ha ocurrido en España en los últimos años y a compararlo con otros países de nuestro entorno.

2. Envejecimiento

El envejecimiento de la población es el principal factor demográfico que ha caracterizado las últimas décadas y este fenómeno tiene múltiples causas. La primera es la reducción del porcentaje de jóvenes respecto al total de la población. Mientras que, en 1970, en España, este grupo de edad (de 15 a 29 años) suponía más de un 20 % ahora estamos por debajo del 15 %, lo que nos sitúa como uno de los países con menor ratio de jóvenes de toda la Organización para la Cooperación y el Desarrollo Económicos (OCDE). Sin embargo, es posible que este aspecto del envejecimiento no se agrave en los próximos años, dado que, en una población en ligero crecimiento o estable, el porcentaje de jóvenes en el que nos encontramos apunta a un equilibrio generacional a largo plazo.

Gráfico 1.1 Porcentajes de población de jóvenes entre 15 y 29 años sobre el total de la población en 1970, 2015 y proyecciones para 2060

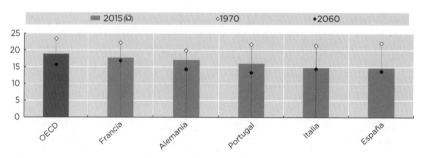

La proporción de jóvenes declina disminuye en los países de nuestro entorno

Fuente: Calculations from United Nations (2017). World Populations Prospects. *Revisions.*

El segundo aspecto del envejecimiento es el más conocido por su implicación en los sistemas públicos de pensiones que operan bajo el sistema de reparto. El indicador clave en este contexto es el ratio de dependencia. Aunque existen diversas maneras de definirlo, el más aceptado compara la población mayor de 65 años con la población en edad de trabajar, es decir, aquellos entre 15 y 64 años, conforme a estándares internacionales. Para ofrecer una perspectiva histórica, en 1970, en España, por cada cinco personas en edad de trabajar había otra que superaba los 65 años. Esto facilitaba la sostenibilidad del sistema público de reparto, ya que se podían otorgar pensiones generosas manteniendo, al mismo tiempo, un superávit en la Seguridad Social que contribuyó a la financiación de los presupuestos generales del Estado durante décadas.

Sin embargo, en 2022 este ratio aumentó hasta el 30 %. En otras palabras, por cada diez personas en edad de trabajar, había tres potenciales casos de personas jubiladas. Si consideramos que todas las personas activas trabajaran y todas las mayores de 65 años fueran pensionistas, el tipo de cotización de un sistema de reparto estaría pisando la línea roja, al borde del desequilibrio.

Y, según las proyecciones de la OCDE, en 2060 alcanzaremos un ratio del 70 %.

Gráfico 1.2 Evolución y previsión del ratio de dependencia

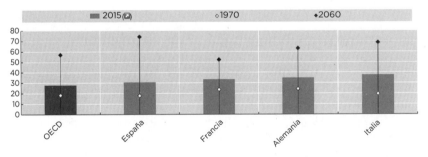

Según la OCDE, el ratio de dependencia podría doblarse 2060.

Número de personas de +65 por 100 personas en edad de trabajar (20-64), en 1970, 2015 y 2060.

Fuente: Calculations from United Nations (2017). World Populations Prospects. *Revisions.*

Cualquier neófito, ante estos datos, podría pensar que el sistema de pensiones de reparto se encuentra en peligro inminente. Ahora bien, hay que tener en cuenta varios elementos antes de anticipar un juicio de valor prematuro e incorrecto.

En primer lugar, en demografía es fundamental distinguir entre datos demográficos, que reflejan hechos pasados, y proyecciones, que se basan en supuestos hipotéticos sobre el futuro. Al hacer predicciones, la OCDE emplea hipótesis de evolución demográfica que tienden a ser pesimistas, especialmente, porque no toman en cuenta de manera realista los flujos migratorios previsibles, tema que abordaremos más adelante.

En segundo lugar, el sistema de reparto no se basa solo en demografía, sino en la relación entre las contribuciones y las prestaciones pagadas por el sistema. Uno de los factores determinantes en las últimas dos décadas, que han mantenido a flote el sistema de pensiones, ha sido el ensanchamiento de la población afiliada que, en junio de 2023, alcanzó el récord histórico de 20.9 millones, lo que permite alcanzar una capacidad de financiación de pensiones muy por encima de los augurios hechos por algunos expertos a principios de siglo.

Por último, la palanca más potente de reajuste del sistema de reparto es la elevación gradual de la edad ordinaria de jubilación. En España, a diferencia de Francia, se está produciendo este proceso sin sobresaltos sociales.

La esperanza media de vida tras la jubilación

Otro factor demográfico y de cambio social intrínsecamente causante del envejecimiento es el aumento de la esperanza de vida, en particular tras la jubilación.

Para los países de la OCDE, la expectativa de vida después de la jubilación ha aumentado de manera considerada. En 1970, los hombres vivían un promedio de diez años después de jubilarse, cifra que ascendió a 18 años en 2017. Para las mujeres, este periodo se extendió de 14 a 22 años durante el mismo lapso. La causa es doble: un aumento general de la expectativa de vida y la disminución de la edad media de jubilación, aunque esta tendencia se está revirtiendo ligeramente desde principios de este siglo.

En España, en 2017, los hombres tenían una expectativa de vida posjubilación de 21.6 años, mientras que para las mujeres era de 26.2. Junto con países como Francia, Luxemburgo, Bélgica, Italia y Grecia, España se encuentra entre los líderes mundiales en cuanto a la esperanza media de vida tras la jubilación.

Gráfico 1.3 Evolución de la esperanza de vida de posjubilación entre 1970 y 2017

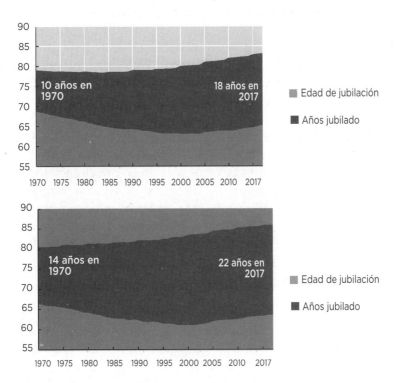

Según la OECD, entre 1970 y el 2017, el tiempo de vida en jubilación aumentó en 7.5 años tanto en hombres como en mujeres.

Fuente: OECD (2017). *Pensions at a Glance.*

Preocupaciones en el largo plazo

El actual contexto demográfico conlleva ciertas inquietudes, sobre todo, en relación con las pensiones. El 72 % de los encuestados expresaron preocupación acerca de sus finanzas durante la tercera edad.

Si desglosamos estos datos por países, encontramos que en los Países Bajos el porcentaje es del 60 %, mientras que en Estonia, Lituania y Eslovenia alcanza el 80 %. Es particularmente llamativo que, en Lituania y Eslovenia, un 80 % de los encuestados opine que el Gobierno no considera las prioridades de la ciudadanía al formular políticas sociales.

3. Fertilidad reducida y persistente

Para que una sociedad mantenga su población estable, la tasa de fertilidad debe ser de 2.1 hijos por mujer. Salvo Israel, prácticamente todos los países de la OCDE se encuentran por debajo de la tasa de reemplazamiento poblacional.

En España, en 1970, este ratio era de aproximadamente 3 hijos por mujer, pero ha caído hasta situarse en 1.3. Según los datos del Instituto Nacional de Estadística (INE) los nacimientos cayeron hasta los 51 929 en los dos primeros meses de 2023. Si extrapolamos esta cifra al año completo, tendríamos alrededor de 312 000 nacimientos, en contraste con los más de 462 000 fallecimientos registrados en 2022. Se estima que, en 2023, los fallecimientos podrían haber llegado a 480 000. Esta diferencia implica una despoblación nativa de unas 170 000 personas al año. En un período de seis años, esto podría traducirse en una disminución de más de un millón de habitantes.

Gráfico 1.4 Evolución del ratio de fertilidad entre 1970 y 2016

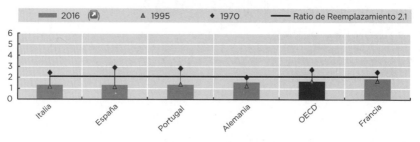

Como se puede observar, los ratios de fertilidad están por debajo del necesario para mantener estable la población.

Número de hijos por mujer (15-49), en 1970, 1995 y 2016.

Fuente: OCDE (2018), *SF2.1 Fertility rates,* OCDE Family Satabase.

El cambio demográfico, hacia una menor fertilidad sostenida en el tiempo, refleja un cambio social de gran calado. No solo tenemos menos hijos, sino que la edad media a la que la mujer tiene el primer hijo se sitúa en los 31 años y medio, en comparación con los 25 años de 1980. Además, el 30 % de las mujeres tienen su primer hijo a partir de los 35 años.

Estas cifras son reflejo de un cambio en las prioridades sociales. La incorporación de la mujer al trabajo, junto con una mayor formación educativa, el coste de la vivienda y una inestabilidad en el empleo conllevan la necesidad de anteponer trabajo y obtención de rentas estables a la formación de una familia. Esta hipótesis es coherente con la observación de que las tasas de fertilidad han disminuido entre las mujeres menores de 30 años, pero han aumentado en las que superan esa edad.

Gráfico 1.5 Variaciones en la edad de alumbramiento del primer hijo entre 1995 y 2016

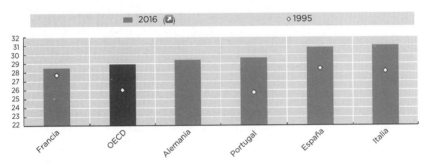

En las últimas dos décadas la edad en que las mujeres tienen a su primer hijo ha subido en 3 años.

Nota: Los datos para el Reino Unido se refieren únicamente a Inglaterra y Gales; 2011 para Canadá en lugar de 2016; 1998 para Francia y Suecia, 1999 para la República Eslovaca, 2000 para Letonia en lugar de 1995; no se dispone de datos en torno a 1995 para Alemania; no se dispone de datos para ambos años en el caso de Australia, Chile, Colombia, México, Nueva Zelandia y Turquía.

Fuente: OECD (2018), *SF2.3 Age of mothers at childbirth and age-specific fertility*, Family Database.

4. Familias en transición

La edad promedio para contraer matrimonio por primera vez ha ido creciendo en las últimas tres décadas. En 1990 los hombres se casaban, a los 28.0 años y las mujeres a los 25.7. Para 2021, estas edades ascendieron a 36.7 y 34.6 respectivamente.

El cambio en España ha sido más severo que en los países de nuestro entorno, en la actualidad, es el segundo país de la OCDE con la edad más elevada de matrimonio, solo por detrás de Suecia.

Gráfico 1.6 Ratios de matrimonios y divorcios, por cada 1000 habitantes, entre 1990 y 2016

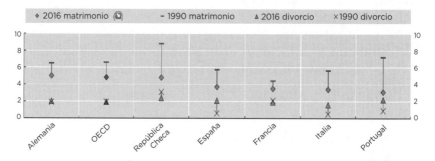

Los matrimonios han descendido mientras que los divorcios se estabilizan.

Fuente: OECD (2019). *Indicador SF3.1 basado en las oficinas nacionales de estadística y Eurostat.* Family Database.

Otro gran cambio demográfico en España, que se refleja en sus estadísticas, es el aumento de la tasa de divorcios, que históricamente había sido baja, y la disminución de la tasa de matrimonios. En la actualidad, la tasa se sitúa en 3.5 matrimonios por cada 1000 habitantes, en comparación con los 4.3 de la media en la Unión Europea. En conclusión, los cambios demográficos están intrínsecamente implicados con los cambios sociales que perfilan una sociedad con una mayor renta, pero con una población en declive.

5. La falacia de la cantidad fija de trabajo

Hay pocas cuestiones más peligrosas que una falacia asumida como verdad absoluta. En el ámbito laboral, quizás la más preocupante, es la falacia que sostiene que la cantidad de trabajo es fija. Si asumimos que la cantidad de trabajo es invariable, se deduce que si hay un incremento en el número de trabajadores habrá menos trabajo que repartir para cada uno. Otra falacia es que debemos favorecer el empleo de los jóvenes a costa de prejubilar a los mayores. Estas afirmaciones son falsas y existen al menos tres argumentos que las desmontan:

- Los jóvenes poseen habilidades diferentes a los mayores y, por tanto, las diferentes generaciones en la empresa son complementarias, no sustitutivas. Los jóvenes han desarrollado unas capacidades de búsqueda rápida de información relevante que impresionan a los mayores. Sin embargo, estos suelen dominar y comprender las relaciones interpersonales clave dentro de la empresa.

- Si la cantidad del trabajo fuera fija, la entrada de la mujer al mercado laboral habría generado un aumento desmesurado del desempleo en los últimos treinta años, algo que no ha sucedido.

- Si los inmigrantes ocuparan los puestos de trabajo de los nacionales, el índice de desempleo en España sería tres o cuatro veces mayor al actual. Es evidente que muchas ofertas laborales se cubren solo gracias a la mano de obra inmigrante.

El principal cambio demográfico y social de las últimas cuatro décadas ha sido la incorporación masiva de la mujer al mercado laboral en España. Esto ha supuesto que la brecha de género de afiliación se haya cerrado progresivamente y apunta una igualdad en número de cotizantes por edad que se irá alcanzando a lo largo de las próximas décadas.

En el siguiente gráfico que compara la población afiliada a la Seguridad Social en 2023 con la del 2012, desglosada por sexo y edad, se pueden identificar las siguientes tendencias:

- Se aprecia un envejecimiento medio de la población afiliada, que ahora alcanza un máximo ente los 45 y 49 años.

- Este fenómeno va de la mano con una reducción en las disparidades de afiliación entre hombres y mujeres por grupos de edad.

- Un aspecto muy relevante es que la población cotizante mayor de cuarenta años ha aumentado respecto a sus cifras de 2012. Esto refleja la incorporación al mercado laboral de individuos, tanto hombres como mujeres, que anteriormente no estaban activos.

Gráfico 1.7 Comparativa de hombres y mujeres afiliados a la Seguridad Social entre 2012 y 2023

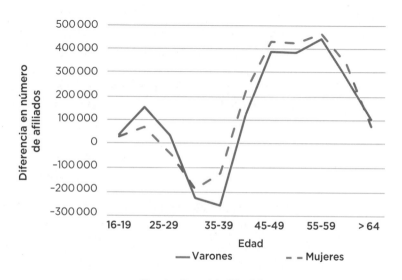

Fuente: Seguridad Social.

Si refinamos la visión y evaluamos las diferencias entre 2023 y 2012 podemos apreciar además que la afiliación:

- Ha crecido más en los grupos de mayor edad, especialmente en los de 45 a 59 años, conforme la población envejece. Esta tendencia es crucial ya que en las próximas décadas será vital disponer y aprovechar al máximo el capital humano de los séniores.

- En términos absolutos la afiliación crece más en las mujeres que en los hombres en los tramos de edad de 30 años en adelante.

Esto indica una progresiva reducción en la brecha de género en el mercado de trabajo, aunque sería deseable que la velocidad del cambio se acelerase.

Y todo ello no ha generado distorsiones notorias en el mercado de trabajo. Se confirma que es una falacia la hipótesis de la cantidad fija de trabajo.

Gráfico 1.8 Cambios en la población afiliada a la Seguridad Social entre 2012 y 2023

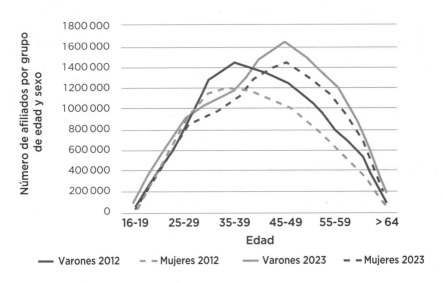

Fuente: Seguridad Social.

6. La era de las migraciones

En el futuro, es posible que el siglo XXI sea recordado como el siglo de las migraciones. El mundo ha explosionado demográficamente: en 1960 había una población de 3030 millones de habitantes y, para 2021, se estimaba una cifra de 7890 millones. Este salto ha puesto en riesgo los límites medioambientales y de recursos en todo el mundo. Aunque el crecimiento demográfico ha comenzado a desacelerarse, es esencial que esté por debajo del crecimiento del

PIB para evitar una disminución en la renta per cápita. Contrario a lo que cabría esperar, hemos observado que un gran número de personas ha experimentado un incremento en su renta per cápita y muchas han logrado salir de la pobreza extrema en las últimas décadas, en particular, en Asia.

En las próximas décadas, África será el epicentro del crecimiento demográfico, impulsado principalmente por sus altas tasas de fertilidad. Por ejemplo, Nigeria, aunque, en estos momentos, es el séptimo país más poblado, se espera que supere a Estados Unidos antes de 2050. Se calcula que hoy viven en África unos 1400 millones de personas, pero que alcanzarán los 2500 en 2050. Esto supone una potente presión demográfica si los países africanos no logran que la tasa de crecimiento de su PIB exceda de la tasa de crecimiento poblacional. Sobre todo, porque en la actualidad dos de cada diez africanos no tienen suficiente alimentación y la causa principal de las migraciones reside en la búsqueda de un futuro mejor.

Debido a su proximidad geográfica, Europa es, probablemente, la región que más sentirá el impacto de esta presión demográfica en las décadas venideras. Ante una población nativa en declive, Europa precisará de la inmigración. Sin embargo, la posible escala de estas migraciones en el futuro cercano plantea un desafío considerable y subraya la necesidad de abordar la inmigración de manera organizada, regulada y estratégica.

La migración en España

España ha sido históricamente un país de emigrantes, primero hacia Latinoamérica y, después, hacia Europa durante la década de los sesenta. Sin embargo, en este siglo hemos visto cómo España se ha convertido en un país destino de la migración extracomunitaria, en especial, de países latinoamericanos y de los más próximos como Marruecos, a los cuales se han sumado en 2022 los procedentes de la guerra Ucrania. Aunque algunos vienen a descansar tras la jubilación, la mayor parte viene a trabajar y buscar un futuro más prometedor que el que podrían tener en sus países de origen.

El número de afiliados a la Seguridad Social refleja la importancia económica que suponen y de la cual no se puede prescindir. La Seguridad Social contó en diciembre de 2022 con 2 460 719 afiliados extranjeros, de los que 826 806 eran de países de la Unión Europea (un 33.6 %) y 1 633 913, de terceros países (el 66.4 % restante). Un 56.2 % eran hombres (1 382 811), mientras que el 43.8 % eran mujeres (1 077 908). Los grupos de trabajadores extranjeros más numerosos procedían de Rumanía (330 857), Marruecos (305 428), Italia (158 635), Colombia (127 891) y Venezuela (125 201).

En 2022, la afiliación media de trabajadores procedentes de otros países creció un 8.4 %, es decir, ha sumado 190 913 ocupados.

Gráfico 1.9 Evolución de afiliados extranjeros a la Seguridad Social

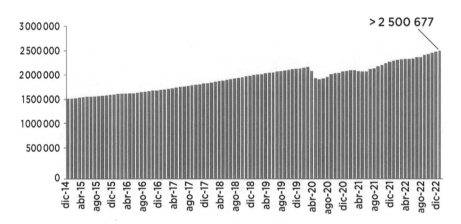

Fuente: La Moncloa (lamoncloa.gob.es).

Esta tendencia es fundamental para el sostenimiento de nuestro estado del bienestar. Uno de los principales factores para la proyección de ingresos de la Seguridad Social es la evolución de la afiliación. Durante varias décadas, la incorporación de la mujer al trabajo ha sido determinante para el crecimiento de la base de cotizantes. Aunque todavía existe espacio para su ampliación, una población cotizante nativa en descenso demográfico solo puede mantener sus ingresos por cotizaciones para financiar pensiones mediante la incorporación de nuevos trabajadores extranjeros.

La migración como ventaja competitiva

España no ha puesto en valor lo que constituye, de ser adecuadamente gestionado, la migración como una ventaja competitiva y perdurable respecto a otros miembros de la Unión Europea. El fenómeno migratorio en España es singular. España comparte idioma, cultura y religión con Latinoamérica, esto facilita que los procesos migratorios sean fluidos, no generen excesivas tensiones y favorezcan la integración cultural del extranjero.

Como espacio laboral, la población latinoamericana supone una fuente casi ilimitada de recursos humanos para las necesidades laborales de un país como España, de relativa baja densidad poblacional (menos de 100 personas por km^2). La población de América Latina y el Caribe pasó de 168.3 millones de habitantes en 1950 a 660.3 millones de personas en 2022, cifra que representa el 8.3 % de la población mundial. Su población máxima se estima para en el año 2056, con un total de 751.9 millones de personas. Por tanto, en los próximos 35 años la población aumentará en unos 90 millones de personas, que se puede comparar con los aproximadamente 8 o 9 millones de migrantes que necesitaremos incorporar al mercado laboral en ese tiempo en España.

Cabe deducir que, organizando la migración de forma ordenada, legal y segura, podemos limitar los efectos de una población activa nativa decreciente, mejorar la posición competitiva de nuestra economía en el entorno europeo y consolidar el modelo del estado del bienestar.

7. Nuestro presente y nuestro futuro demográfico y social

Con el cambio de milenio, muchos estudios pronosticaron el invierno demográfico de España que conduciría irreversiblemente a la crisis del estado del bienestar. Veinte años después, tras superar una profunda crisis financiera, enfrentar una pandemia sin precedentes y navegar a través de conflictos bélicos que han sacudido la economía, es gratificante observar que España alberga más población que nunca, con récord de afiliados a la Seguridad Social, en especial, mujeres y con la incorporación de la migración a la economía sin causar graves tensiones.

Vivimos en un país envidiable.

Cierto es que en nuestras calles y plazas se echa de menos la permanente alegría de los niños. Se requieren más incentivos para apoyar a las familias, para que crezca el número de núcleos familiares, se formen antes y tengan más hijos. No obstante, este país nunca ha sido tan inclusivo, diverso y con tendencia a la igualdad.

Envejecemos, es cierto. Sin embargo, en España hacerse mayor es agradable: buen tiempo, gente abierta y menos preocupaciones por los ingresos que en otras latitudes. Este país cuida y protege a la tercera edad especialmente.

El futuro no está escrito, pero debemos aspirar a una sociedad igualitaria en términos de género, rica en diversidad cultural y con un futuro prometedor para los jóvenes. Un futuro donde se vea una disminución del desempleo y se facilite la formación de familias. Todo ello respaldado por una economía sólida que sostenga un estado del bienestar beneficioso para todos. Es nuestro deber, como habitantes de esta piel de toro, trabajar unidos para alcanzar esta visión.

2. El futuro del trabajo. Cómo atraer y fidelizar el talento

Ana Matarranz
Directora general de Howden

El mundo laboral está experimentando transformaciones aceleradas debido a la combinación de factores como la digitalización, la inteligencia artificial (IA), la automatización, la globalización y la nueva situación geopolítica pospandemia.

Estamos viviendo una época de cambio, que más bien podríamos considerar que es un cambio de era, en la que nos encontramos desafíos que están transformando el mundo laboral. Las empresas tienen que flexibilizarse y prosperar hacia una nueva gestión del talento y la transformación organizacional. Las nuevas tendencias están alterando los modelos tradicionales de empleo y creando nuevos retos y oportunidades tanto para los trabajadores como para las empresas.

La transformación digital, el surgimiento de los *freelance* y la incorporación al mercado laboral de las nuevas generaciones Z e Y como una forma diferente de entender la vida y el trabajo nos hacen repensar la estructura de las empresas hacia modelos organizativos menos jerárquicos, más planos. Se trata de una forma de trabajar más enfocada a proyectos, con una visión clara de crear modelos de negocio que aporten a la sociedad y donde estén presentes la ética, la transparencia y la responsabilidad social, algo que demandan las nuevas generaciones.

Para ello toman especial importancia la agilidad y la resiliencia, a lo que se une la necesidad de las organizaciones de ayudar a sus equipos a desarrollar estas capacidades para adaptarse lo más rápidamente posible al nuevo escenario a través de programas de formación adaptados, más conocidos como *reskilling* y *upskilling,* y crear modelos favorables para ello.

Por tanto, esa evolución de los nuevos roles y habilidades laborales nos lleva a afirmar que las empresas deben repensar la forma en la que reclutan, desarrollan y fidelizan el talento con una visión holística, integral y transversal de las nuevas necesidades.

A medida que nos acercamos a 2030, es crucial comprender, asimilar y actuar sobre las nuevas tendencias que moldearán el mercado laboral y pensar cómo debemos gestionar el capital humano si no nos queremos quedar rezagados. Es decir, tenemos que establecer una estrategia al respecto diseñando una hoja de ruta para los próximos años.

Atraer y fidelizar el talento empieza a ser uno de los temas que se tratan en los consejos de administración por primera vez en la historia. Según datos de Compensa Capital Humano, el coste de la rotación unitaria es, de media, de 7250-27 000 € por persona. Este análisis se ha realizado para empresas del sector de tecnología, que suponen actualmente posiciones de creciente rotación. Este dato es para los perfiles que se han considerado clave. Lógicamente, se excluyen las posiciones de directivos y mandos porque el coste sería muchísimo más elevado.

Con esto podemos afirmar sin lugar a duda que la rotación en las compañías supone una pérdida de productividad altísima. En estos datos no se incluyen los colaterales, como las distracciones de los equipos cuando se producen salidas, ni el mal ambiente que se genera, así como el efecto dominó, si se va A, se puede ir B, etc.

Lo anterior nos invita a pararnos y a hacer una reflexión profunda al respecto. ¿Son las empresas conscientes de que el talento es lo más valioso que tienen o solo se dice, pero no se hace? Poner el talento en el centro supone tener cultura *people first* en todo momento y demostrarlo con hechos reales.

Hay multinacionales que desde hace años han puesto el foco en las personas, como Howden, donde casi el 40 % del capital es titularidad de empleados, y no son solo directivos, pues todo el mundo puede ser accionista. Además, cada año se amplía la participación. En enero de 2023, con 12 000 empleados, hubo mil nuevos accionistas. Este es un claro caso del nuevo capitalista humanista y participativo, donde los trabajadores sienten que son parte del presente y del futuro, que aportan a la empresa y a la sociedad. Todo esto al final se traduce en una fuerte colaboración, un trabajo en equipo y un velar en todo momento con un foco común, que es el cliente.

Y a esto debemos añadir que vivimos un momento único en el que la COVID-19 nos ha pasado factura y hemos tomado conciencia de lo vulnerables y frágiles que somos y de que estamos aquí de paso y no sabemos cuándo llegará nuestra hora. Vivimos en un entorno geopolítico muy complejo, por lo que no podemos predecir con certeza lo que acontecerá, ni en el mercado laboral ni en cualquier otro entorno.

Además, no sabemos si volverán a surgir los cisnes negros (nuevas guerras, pandemias, etc.). Todo esto genera en la sociedad incertidumbre y estrés, pero hay que ser optimistas, y para ello me gustaría hacer referencia a las palabras que pronunció Yuval Noah Harari en una conferencia en Madrid en mayo de 2023: «Las personas tenemos una capacidad increíble para adaptarnos y, si por cada euro o minuto que invertimos en IA lo hacemos también en cuidarnos a nosotros mismos, en nuestro bienestar, avanzaremos mucho y estaremos bien».

En este capítulo exploraremos las principales tendencias que definirán el futuro del trabajo y cómo podemos adaptarnos a las nuevas necesidades centrándonos en conceptos como la flexibilidad, que no es lo mismo que el teletrabajo, los *freelance,* el *ghosting,* los *gig jobs,* las nuevas profesiones, la robotización y los centauros.

También analizaremos cómo estos factores afectan a la convivencia entre las cuatro generaciones que trabajan en las empresas y como se verá afectado el trabajo por los robots. Con este escenario tan volátil, merece la pena pararse a pensar en cuáles serán las nuevas profesiones y en la importancia de las *soft skills,* tan denostadas en el pasado.

Los jóvenes se enfrentan a un mundo desconocido al que se adaptarán y donde, junto con los mayores, podrán gestionar mejor las empresas y su vida en sociedad, siempre que todos actúen con generosidad en la transmisión de conocimientos de los mayores a los jóvenes y de humildad y respeto de los jóvenes hacia los mayores en ese proceso de aprendizaje.

Ahora, analicemos brevemente cada concepto.

1. Flexibilidad laboral y teletrabajo

La flexibilidad laboral se ha convertido en el modelo preferido para atraer y fidelizar el talento joven y por tanto a las nuevas generaciones. Los empleados buscan mayor autonomía en su forma de trabajar, la posibilidad de establecer horarios flexibles y la capacidad de equilibrar su vida personal y profesional.

Esto ha llevado a un aumento en el teletrabajo y a la adopción de modelos de trabajo híbridos donde los empleados pueden trabajar desde casa o desde cualquier lugar del mundo. Marc Vidal[1], en su obra *La era de la humanidad,* aborda esta nueva realidad y cómo las empresas pueden adaptarse para ofrecer entornos de trabajo flexibles y productivos. La flexibilidad laboral es ya el presente; tanto, que hasta para los *boomers* y la generación X empieza a ser algo que se debe tener muy en cuenta a la hora de pensar en un posible cambio laboral, algo que no pueden obviar al liderar las generaciones Y y Z.

Lo mismo ocurre con el teletrabajo, que conceptualmente no es lo mismo que la flexibilidad en el puesto de trabajo, pues consiste en algo más allá de la transformación del espacio laboral debido al efecto que se produce sobre la cultura, las formas de relacionarse y por tanto la productividad. Esta modalidad de trabajo es más que una tendencia y se ha convertido ya en una realidad. La pandemia aceleró su adopción y para 2030 se espera que sea una práctica común en muchas organizaciones.

El trabajo a distancia ofrece beneficios tanto para empleados como para empleadores. Esto se aprecia en la reducción de costes operativos, la mejora del equilibrio entre vida laboral y personal y la capacidad de atraer talento sin restricciones geográficas. De hecho, The Wharton School ha realizado investigaciones exhaustivas e informes muy relevantes sobre el teletrabajo aportando perspectivas sobre cómo gestionar de forma eficiente equipos virtuales y cómo maximizar la productividad en este entorno. Para ello, la evaluación del desempeño, por ejemplo, se tiene que transformar evolucionando más allá de los conceptos tradicionales (específicos, relevantes, alcanzables, y medibles en el tiempo). Hay que considerar que el espacio temporal ha cambiado y se ha de motivar a los trabajadores que están teletrabajando, alejados del día a día de las compañías. Por consiguiente, el reto es cómo conseguir el compromiso del talento y el orgullo de pertenencia en la distancia. La recomendación pasa por generar confianza desarrollando un modelo de *appraisals* con un seguimiento más frecuente y continuo que en el pasado. El escenario en el que nos encontramos es aquel en el que la inmediatez es una realidad: cada vez es más insistente el concepto de *feedback* continuo al estar los jóvenes acostumbrados a recibir multitud de estímulos de forma inmediata y constante a través de los *likes* de las redes sociales.

2. Gig jobs

Una clara transformación de las tendencias en las formas de empleo consiste en el trabajo como *freelance* y los *gig jobs,* que han experimentado un crecimiento significativo en los últimos años. Se estima que en Estados Unidos, en 2050, más del 80 % de los trabajadores *white collar* —profesionales que realizan actividades en una oficina, como coordinación, gestión de proyectos y administración— serán *freelance.*

Cada vez más profesionales optan por trabajar de forma independiente brindando servicios a múltiples clientes, empresas y proyectos; incluso se observa una creciente evolución de plataformas dedicadas en exclusiva a ser el escaparate de este nuevo tipo de profesionales. Pero no pensemos que esta nueva categoría laboral está formada solo por *silvers* (canosos, séniores, mayores); para los *millennials*-generación Y es una forma de trabajo que les encanta muy alineada con su forma de enfocar su carrera profesional.

Los trabajadores independientes de la economía *gig* pueden ser conductores de Uber, diseñadores gráficos, traductores, redactores, programadores de *software,* etc. Esta tendencia, que se está desarrollando mucho en Estados Unidos, ofrece flexibilidad y autonomía, pero también plantea desafíos en términos de seguridad laboral y protección social, ya que a menudo estos trabajadores no tienen contratos de trabajo a largo plazo y no reciben actualmente beneficios sociales. Es importante que las empresas piensen y se adapten a esta nueva realidad y ofrezcan oportunidades atractivas para crear esa lealtad a los proyectos vinculados a esa marca, y para ello habría que dar un paso más, como incluir vacaciones pagadas o pólizas de salud.

La economía *gig* ofrece ventajas tanto para las empresas como para los trabajadores. Los empleadores, gracias a este tipo de economía, tienen acceso a personal altamente cualificado y a una mayor flexibilidad para ajustar la carga de trabajo a medida que cambian las necesidades de la compañía. A los trabajadores la economía *gig* les ofrece la libertad de elegir sus propios horarios durante el período de tiempo que consideren y de trabajar desde cualquier lugar, algo que puede ser muy atractivo para las personas que no quieren ataduras profesionales, comportamiento frecuente en las nuevas generaciones.

Además, hay que tener muy en cuenta, y que es una realidad, que los trabajadores independientes frecuentemente no están protegidos por las leyes tradicionales y falta regulación sobre este tipo de actividad.

The gig economy, de Diane Mulcahy[2], ofrece una visión en profundidad de este fenómeno y de cómo las organizaciones pueden aprovechar al máximo este tipo de empleo. En cuanto a la edad, actualmente no desempeña necesariamente un papel importante en la economía *gig.*

3. *Ghost works*

Una idea de creciente importancia es la de los trabajos fantasma (*ghost works*), que son actividades realizadas por trabajadores invisibles para el usuario final. Estos trabajadores forman parte fundamental de la economía digital y realizan tareas digitales repetitivas que llenan el espacio donde los procesos de mecanización no pueden llegar, aunque se trata de labores de mínima cualificación. Se trata de posiciones de moderadores de contenido, etiquetadores de datos, categorización de imágenes, verificación de identidades, pruebas de *software,* etc. Estos trabajadores tienen a menudo salarios bajos y poco control sobre su horario y sus condiciones de trabajo, que está bastante deshumanizado por el hecho de ser invisibles.

Estos son los desafíos más comunes que nos encontramos con los *ghost works:*

- La automatización, que está dando lugar a una mayor demanda de este tipo de trabajadores, ya que muchas tareas digitales siguen requiriendo intervención humana, ayuda en la moderación de contenido de *chatbots.* La automatización en muchos casos necesita una combinación de tecnología y tareas de personas que incluyen a trabajadores fantasma, *freelance,* trabajadores por proyectos y trabajadores temporales.

- Las empresas cada vez externalizan más trabajos digitales, y la globalización permite poder contratar a trabajadores fantasma de todos los lugares del planeta.

- La aceleración del trabajo en remoto derivado de la pandemia ha hecho que las empresas recurran a este tipo de trabajadores para tareas como entrada de datos, servicio al cliente y moderadores de contenido que también se pueden realizar desde cualquier lugar.

- El auge de la economía *gig,* que hace que las personas recurran a este tipo de trabajos temporales fantasma como fuente de ingresos adicional.

- Las empresas pueden externalizar tareas que no requieran presencia física a través de trabajadores fantasma de países con costes laborales más bajos y adicionalmente escalar sus operaciones de manera más rápida y eficiente sin necesidad de contratar a empleados a tiempo completo.

- Las compañías están tendiendo hacia un modelo de «trabajo sin empleo» en el que el trabajo se organiza de una manera más flexible y dinámica. Las tres palancas principales para ese movimiento al trabajo sin empleo son:

  - Las plataformas digitales. Permiten organizar el trabajo de forma más flexible y dinámica creando nuevas oportunidades para el trabajo independiente y *on demand*.

  - La automatización. Está produciendo que muchos procesos e incluso trabajos tradicionales se estén quedando obsoletos.

  - La importancia y la tendencia de trabajar por proyectos. Está poniendo de manifiesto que muchos de los puestos de trabajo tradicionales tienen sus días contados.

- Parte de un nuevo modelo operacional en el que el trabajo se deconstruye en tareas, lo que implica la fragmentación de las actividades laborales en tareas más pequeñas y específicas, lo que a su vez permite que los trabajadores autónomos o a través de plataformas digitales las realicen de forma independiente. Ofrece flexibilidad y acceso a talentos especializados, pero también plantea retos en términos de coherencia y competencia.

Las empresas que quieran sobrevivir a este nuevo entorno deben avanzar hacia modelos de mayor flexibilidad, agilidad, innovación y organización por proyectos y olvidarse de los organigramas caducos. Los jóvenes, sin lugar a duda, están más preparados para adaptarse a esta nueva economía.

4. Nuevas profesiones

La IA, la robótica y la automatización transformarán el mercado laboral y requerirán habilidades y competencias actualizadas, por lo que surgirán nuevas profesiones que aún no existen para adaptarse a las demandas del futuro. Es fundamental que los profesionales se adapten a estas nuevas demandas y que las empresas ofrezcan programas de formación y desarrollo para asegurar una fuerza laboral competente y preparada para el futuro. Según un informe sobre el futuro del trabajo de McKinsey, uno de cada dieciséis trabajadores cambiará de ocupación en 2030, lo que se traduce en que más de cien millones de personas cambiarán su puesto de trabajo actual.

El crecimiento del empleo se concentrará en trabajos de alta cualificación (ciencia, tecnología, atención médica, investigación, ingeniería, matemáticas, etc.), mientras que los de cualificación media o baja producción (tareas de apoyo o de oficina, todo lo mecanizable, etc.) disminuirán.

Desaparecen trabajos, pero se crean nuevos trabajos y profesiones. Por ejemplo, el aumento del comercio electrónico incrementa la demanda de trabajadores en almacén, los aumentos en inversiones en economía verde incrementan los técnicos en energías sostenibles y el envejecimiento de la población eleva la demanda de personas expertas en el cuidado de la salud.

Esta evolución de las necesidades, las nuevas demandas y los nuevos roles, así como las nuevas habilidades laborales, nos lleva a una reflexión: las organizaciones deben repensar la forma en la que reclutan, desarrollan y fidelizan el talento, y las habilidades blandas cada vez son más determinantes debido a la rápida inmersión de la IA en la realidad laboral de nuestros días.

Las llamadas, *soft skills,* en concreto la adaptación y la resiliencia, son claves para el futuro laboral. En un entorno laboral en constante cambio, la capacidad de adaptación y la resiliencia se vuelven cruciales para el éxito individual y organizacional. Los profesionales deben estar dispuestos a aprender nuevas habilidades, adaptarse a nuevas tecnologías y aprovechar las oportunidades emergentes. Las empresas también han de fomentar una cultura de aprendizaje continuo y proporcionar las herramientas y los recursos necesarios para la adaptación. Daniel Goleman[3], en su libro *Emotional intelligence,* explora cómo la inteligencia emocional puede ayudarnos a enfrentarnos a los desafíos y a tener éxito en un mundo en constante evolución.

Desarrollar habilidades blandas, como la creatividad, la resolución de problemas, el pensamiento crítico y la adaptabilidad, es clave. Estas habilidades se consideran esenciales para sobresalir en un entorno laboral dinámico y en constante cambio. Ante este cambio, los mayores necesitan un período de mayor adaptación porque se educaron más en el concepto de desarrollar las *hard skills* y no tenían en su hoja de ruta la necesidad de recibir formación una vez adentrados en el mundo laboral. Pero a la vez hay que tener en cuenta que los *boomers* y la generación X son resilientes por naturaleza y por tanto han desarrollado las capacidades para adaptarse a cualquier medio. Y, como dijo Darwin: «No sobrevive el más fuerte, el más inteligente, sino el que mejor se adapta al cambio».

Adicionalmente, el trabajo en equipo y el *networking* merecen un comentario: es necesario subrayar la importancia de la colaboración y la construcción de redes de contactos en el futuro del trabajo. La capacidad de trabajar en equipo, compartir conocimientos y establecer conexiones profesionales sólidas se ha vuelto esencial en un mundo laboral cada vez más interconectado.

5. Robotización y centauros

La convivencia entre humanos y máquinas es una realidad. La robotización y la IA tendrán un efecto significativo en el mercado laboral en 2030 y más allá. Se espera que los robots y las máquinas desempeñen un papel cada vez más importante en tareas repetitivas y rutinarias, liberando así a los humanos para que puedan enfocarse en actividades que requieran habilidades cognitivas y emocionales. Y como muchas tareas que solían realizar los humanos las están llevando a cabo ahora máquinas y algoritmos, se plantean preguntas sobre el futuro del trabajo y sobre cómo las personas pueden encontrar su lugar en una economía cada vez más automatizada.

La colaboración entre humanos y robots será fundamental para maximizar la productividad y la eficiencia en las organizaciones. En el contexto moderno, el término *centauro* (en la mitología griega, criatura mitad humana, mitad caballo) se utiliza como una metáfora para describir la colaboración entre humanos y tecnología en el ámbito laboral. Se refiere a la combinación de habilidades humanas con las capacidades de la IA y las máquinas en un esfuerzo por aprovechar lo mejor de ambos para lograr resultados más efectivos.

La idea de los centauros reconoce que cada uno tiene fortalezas únicas que aportar: los humanos proporcionan habilidades como la creatividad, el juicio, la empatía y la toma de decisiones éticas y las máquinas, capacidad de procesamiento de datos, automatización de tareas y análisis basado en algoritmos.

Harari[4], en su libro *21 Lessons for the 21st Century,* explora los desafíos éticos y sociales de esta convivencia y cómo prepararnos para el futuro, donde el creciente papel de la tecnología transformará nuestras vidas, y los peligros que conlleva. Con el avance de la automatización y la IA, muchos empleos se quedarán obsoletos, aunque surgirán otros. Por tanto, hay que reinventarse a través de la educación para adaptarnos a una economía cambiante en la que las personas tendrán que desarrollar nuevas capacidades para poder progresar.

6. Conclusión

En 2030, el futuro del trabajo estará marcado por la flexibilidad, el teletrabajo, el bienestar, el trabajo *freelance,* los *gig jobs,* las nuevas profesiones, la robotización y los centauros. Las empresas tendrán que adaptarse a estas tendencias para atraer y fidelizar el talento en el nuevo mundo digital y, adicionalmente, poner el foco en tener un equipo de profesionales altamente cualificados con capacidad de adaptación y resiliencia. Para ello deberán invertir en programas de formación continua para las cuatro generaciones que conviven en las empresas desarrollando y promoviendo en los equipos nuevas habilidades para que adquieran nuevos conocimientos y estén al día con las nuevas tecnologías. Además, tendrán que crear firmemente una cultura enfocada en el desafío en la que se valoren el aprendizaje continuo y la innovación y se alienten las nuevas formas de trabajar.

También será necesario el desarrollo de una propuesta de valor del empleado adaptada a sus circunstancias personales que lo ponga de verdad en el centro con el concepto de *people first,* no solamente en lo que hace referencia a la parte retributiva, sino abordando el concepto integral y holístico de flexibilidad 360° en tiempo y en forma, en todo momento y en todas las circunstancias.

La fidelización del talento se basa en un concepto tan sencillo como antiguo: la felicidad de la persona en el día a día, y para eso hay que definir una estrategia de talento impulsada y apoyada desde el máximo estamento de las organizaciones incluyendo como base un sustento sólido en valores éticos y responsables con y para las personas. De esta forma podremos construir un futuro laboral próspero y sostenible.

Abracemos este cambio de época único que nos ha tocado vivir y seamos lo más empáticos posible con nuestros equipos adaptándonos en cada momento con flexibilidad a su momento vital.

3. Talento sostenible

Antonio de la Fuente
Presidente de la Asociación de Directivos de Relaciones
Laborales (ADIRELAB) y director corporativo de Personas,
Cultura y Talento de Air Europa

Este capítulo es una visión holística y práctica de cómo incorporar la sostenibilidad a la cultura y estrategia de las empresas, los objetivos de desempeño de los empleados, involucrando y desarrollando a los líderes empresariales del mañana. Explica cómo integrar la sostenibilidad en la estrategia de gestión del talento en las organizaciones.

1. Talento y sostenibilidad

Antes de profundizar más en estas páginas, es necesario definir qué entendemos por *talento sostenible* y cómo este término se entrelaza en las futuras organizaciones empresariales.

Sobre el concepto de *talento* se ha escrito extensamente. Según el Diccionario de la lengua española (DLE), es:

«1. m. inteligencia (|| capacidad de entender).
2. m. aptitud (|| capacidad para el desempeño de algo)».

Tomando esto como referencia y adaptando la definición a nuestro contexto, podríamos decir que el talento es una «especial capacidad intelectual o aptitud que una persona tiene para aprender las cosas con facilidad o para desarrollar con mucha habilidad una actividad».

Otras fuentes lo definen como «la capacidad para desempeñar o ejercer una actividad. Está vinculada a la aptitud o la inteligencia. Se trata de la capacidad para ejercer una cierta ocupación o para desempeñar una actividad. El talento suele estar asociado a la habilidad innata y a la creación».

¿Pero cómo definen el talento nuestros líderes en *management*? Entre todas las definiciones me gusta particularmente la de mi admirada Pilar Jericó por sencilla, clara y concisa, que se refiere a «aquellas personas cuyas capacidades están comprometidas a hacer cosas que mejoren los resultados en la organización».

Aunque hay muchas formas de definir el talento, la mayoría converge en identificar el talento humano idóneo como aquel que combina una serie de aspectos, características o cualidades, entre los que se incluyen: conocimiento, sabiduría, creatividad, compromiso (actitudes, temperamento, personalidad y esfuerzo) y autoridad (valores, decisión y capacidad personal de hacer las cosas).

Respecto al concepto de *sostenibilidad,* es imposible comenzar sin decir que se encuentra de moda, al igual que el ampliamente citado término *transformación digital.* Desde mi punto de vista, dado que es un concepto relativamente nuevo en nuestro vocabulario, se está generando a su alrededor una importante confusión, un maremágnum de ideas equivocadas ante la legítima búsqueda de lograr un planeta mejor, un planeta sostenible.

Haciendo el mismo ejercicio que en el caso de la palabra *talento,* nos encontramos que se suele definir como: un proceso socioecológico caracterizado por un comportamiento en busca de un ideal común. Es un término ligado a la acción del ser humano en relación con su entorno y se refiere al equilibrio que existe en una especie basándose en su entorno y todos los factores o recursos que tiene para hacer posible el funcionamiento de todas sus partes, sin necesidad de dañar o sacrificar las capacidades de otro entorno. Por otra parte, sostenibilidad, en términos objetivos, significa satisfacer las necesidades de las generaciones actuales, pero sin afectar la capacidad de las futuras, y en términos operacionales, promover el progreso económico y social respetando los ecosistemas naturales y la calidad del medioambiente. Para comprender plenamente el término *sostenibilidad*, resulta esencial tener en cuenta estas dimensiones:

- **Sostenibilidad ambiental.** Se refiere a la capacidad de poder mantener los aspectos biológicos en su productividad y diversidad a lo largo del tiempo. Esto implica la preservación de los recursos naturales, fomentar una responsabilidad consciente sobre lo ecológico y, al mismo tiempo, crecer en el desarrollo humano cuidando el ambiente donde vive el ser humano.

- **Sostenibilidad económica.** Hace referencia al equilibrio entre el ser humano y la naturaleza para satisfacer las necesidades y no sacrificar generaciones futuras.

- **Sostenibilidad política.** Se encamina a establecer un marco jurídico que garantice el respeto a las personas y el ambiente, fomentando relaciones solidarias entre comunidades y regiones para mejorar su calidad de vida y reducir la dependencia de las comunidades generando estructuras democráticas.

- **Sostenibilidad social.** Persigue adoptar valores que promuevan comportamientos como poner en valor la naturaleza y mantener niveles armónicos y satisfactorios de educación, capacitación y concienciación para superarse. Se busca mantener un buen nivel de vida, animando a las personas a involucrarse y a aportar positivamente a la sociedad en la que viven.

2. Responsabilidad corporativa y sostenibilidad

Todo esto está estrechamente relacionado con los 17 Objetivos de Desarrollo Sostenible (ODS) diseñados para lograr un futuro mejor y más sostenible para todos. Los ODS se integran en la Agenda de Desarrollo después de 2015, establecida como el futuro marco de desarrollo global para suceder a los Objetivos de Desarrollo del Milenio en 2015.

Pero no podemos dejar de mencionar los también de moda criterios ESG y su relación con los ODS. La sigla ESG (*environmental, social and governance*) se corresponde con los conceptos ambiental, social y de gobierno corporativo (en español, ASG).

Estos criterios llevan años actuando como paraguas de las diferentes acciones empresariales ligadas a la responsabilidad corporativa y la sostenibilidad. Cuando las empresas trabajan su sostenibilidad con el marco de la Agenda 2030, están repercutiendo sobre estos criterios, que tienen un carácter más amplio.

Pero ¿cómo se relacionan los ODS con los criterios ESG? Los ODS de la Agenda 2030 son los pilares del marco de trabajo de la sostenibilidad. Inciden sobre cuestiones más específicas, como el clima, la igualdad, el trabajo, la salud, la innovación o el consumo.

Ambas siglas son cada vez más habituales en nuestro día a día. Los criterios ESG han ganado relevancia por estar muy vinculados a las nuevas tendencias crecientes de inversión socialmente responsable, así como a los requisitos de la información no financiera. En el caso de los ODS, han cobrado popularidad entre las compañías que orientan su gestión de sostenibilidad en torno a estos objetivos. Es significativo ver que ya un 82 % de nuestras empresas trabajan según su compromiso con la Agenda 2030.

Como podemos observar, sostenibilidad y talento son compañeros de viaje necesarios para lograr el objetivo común: lograr un planeta mejor, un planeta sostenible por mediación de personas cuyas capacidades están comprometidas, enfocadas a hacer cosas que mejoren los resultados dentro de las organizaciones empresariales. Para abordar este tema y antes de pasar de la teoría a la práctica, considero esencial ofrecer una breve descripción de cómo los criterios ESG buscan alinear a nuestras empresas y el talento que albergan con la sostenibilidad. Existen tres ejes principales:

- **Criterios ambientales.** Tanto la sociedad como las empresas demandan compañías que tengan en cuenta el efecto que pueden ocasionar en el medioambiente. Estos criterios son cada vez más valorados por consumidores e inversores y representan una apuesta necesaria por una nueva forma de economía, más verde y próspera.

- **Criterios sociales.** Se refieren a la relación entre la empresa y la sociedad en su conjunto, aunque más directamente con aquellos agentes con los que tiene un vínculo más estrecho: empleados, proveedores, consumidores, etc. Entre muchos otros, aquí tienen cabida los aspectos sociales que mejoren la calidad de vida de los trabajadores: flexibilidad de horarios, conciliación laboral, formaciones para la plantilla, medidas para la igualdad de género y colaboración con proyectos educativos y culturales. Este criterio conecta a la compañía con personas de diferentes grupos de interés. Además, tiene en cuenta sus derechos, consigue que la percepción de la marca sea positiva y ayuda a atraer más talento a la empresa y a fidelizarlo.

- **Criterios de gobierno corporativo.** Se refieren a las cuestiones de gestión de la empresa y su transparencia. Actualmente, la importancia del gobierno corporativo y sus buenas prácticas se extiende a toda la compañía y, de manera progresiva, los accionistas se fijan cada vez más en este tipo de desempeño. De hecho, los indicadores de información no financiera ya están en la agenda de los consejos de dirección. Lo importante es destacar que el gobierno corporativo no es un instrumento individual, sino más bien un concepto que incluye el debate sobre las estructuras apropiadas de gestión y control de las empresas, así como las reglas que regulan las relaciones de poder entre los propietarios, el consejo de administración, la administración y, por último, pero no por ello menos importante, las partes interesadas, como los empleados, los proveedores, los clientes y el público en general.

3. Cuando ligamos talento y sostenibilidad

Tras haber repasado los conceptos de *talento* y *sostenibilidad* de manera individual, ahora nos enfrentamos al desafío de entrelazarlos.

Una búsqueda rápida en Internet arroja unos 17 600 000 resultados sobre esta combinación. Predominantemente, se sugiere cómo la sostenibilidad puede ser un atractivo y una herramienta de fidelización del talento dentro de las organizaciones. Sin duda, son dos términos que se complementan perfectamente en un enunciado.

Por otro lado, en el marco que vivimos de globalización y transformación social, económica, tecnológica y ecológica actual, los responsables de la dirección de personas y de la gestión del talento han de tomar decisiones realistas y actuar de manera creativa, proactiva, flexible e innovadora, y el buen líder debe lograr dar sentido a las estrategias empresariales desde el compromiso con los propósitos personales y sociales, procurando el bien común y el desarrollo sostenible. Esto creo que lo tenemos todos más o menos claro.

Pero ¿qué opinan nuestros principales gurús expertos en talento y sostenibilidad sobre los retos en esta materia? Los foros de debate sobre esta cuestión se multiplican, y las voces líderes en la materia comparten sus puntos de vista. Así, James Gomme, director de Equity Action del Consejo Empresarial Mundial para el Desarrollo Sostenible (WBCSD), mantiene que «no tenemos un objetivo claro y común en materia de desigualdad» y que «tenemos que distribuir el valor y el riesgo de forma equitativa y plantearnos si realmente se está distribuyendo el valor entre los profesionales», mientras que Juan Carlos Cubeiro, experto en Talento, Liderazgo Innovador y *Coaching* y responsable de la hoja de ruta de Aprendizaje y Empleo en Human Age Institute, mantiene que «durante años la sociedad se ha centrado en reducir los impactos negativos sobre el medioambiente o el buen gobierno, pero es la huella social la única que resuelve el riesgo sistémico de las organizaciones» y que «debemos también construir la sostenibilidad desde lo social; la *S* es esencial». En su opinión, «si nos apalancamos en ese propósito e intentamos motivar a las personas desde ahí, podremos tener empresas sostenibles en el tiempo con un empleo sostenible y decente».

Otra opinión que hay que tener en cuenta es la del doctor Mario Alonso Puig, quien defiende que «necesitamos urgentemente humanizar nuestra sociedad; querernos más, creer más unos en otros, valorarnos más y desafiarnos más para crecer y apoyarnos en el camino», y por ello, «cuando empresas y personas se alinean buscando cómo favorecer el desarrollo de las organizaciones, todo mejora; mejoran su salud, su bienestar, su felicidad y los resultados».

Por su parte, Silvia Leal, experta en Tecnología y Tendencias del Futuro, se enfoca en buscar soluciones para que las empresas puedan crear ese «preciado y necesario empleo sostenible». Según mantiene, todo parece indicar que en España hay trabajo decente, pero «si abrimos los ojos nos encontramos con salarios más bajos que los de nuestros países vecinos y con empleados sin propósito». En su opinión, la clave está en «apalancarnos en ese propósito e intentar motivar a las personas desde ahí para lograr tener empresas sostenibles en el tiempo con un empleo sostenible y decente».

Analizando las diferentes opiniones, vamos encontrando poco a poco claves orientadas a encontrar el camino, pasando de la teoría a la realidad, hacia la gestión del talento sostenible, como:

- Reducir el desajuste de talento y abordar el reto de dotar de nuevas competencias a los profesionales, actuales y venideros. Esto requiere una reflexión de base por parte de la administración encargada de diseñar los planes de formación general básica.

- Apoyar a las empresas en su vigilancia de entornos profesionales diversos, inclusivos y preocupados por el bienestar integral de las personas. Es fundamental el rol de las organizaciones y las nuevas generaciones en la construcción del futuro. La juventud lo lleva en su «mochila», pero se echa en falta más apoyo institucional real, no de postureo.

- Buscar soluciones para que las personas de todas las edades estén en el centro de la acción corporativa.

Todo parece apuntar a que tenemos un gran reto por delante en este camino: transformar nuestras empresas para adaptarlas a la Agenda 2030 para una gestión del talento sostenible. Pero ¿cómo se hace esto?

Ya hemos mencionado que los ODS, junto con los procesos de transformación tecnológica, deben marcar la hoja de ruta de la gestión de personas del mañana.

Salud y bienestar, igualdad de género o la acción por el clima son prioridades en la estrategia de la gestión del talento y las personas, así como otros desafíos que forman parte de los ODS y que no tienen una relación directa con la gestión del talento o el trabajo, pero sí con las personas, como el impulso de un consumo responsable y las ciudades y comunidades sostenibles. Estos retos han de abordarse colocando la innovación en el centro de su misión. Las nuevas generaciones están integradas por nativos «sostenibles» (como los nativos digitales), y las generaciones precedentes se ven arrastradas por una tendencia que vende y que queda bien de cara a la sociedad. Como he oído decir, es un *must*.

Pero, según una encuesta realizada antes de la pandemia por el departamento de Carreras profesionales a directores de Recursos Humanos, los ODS no forman parte de su estrategia en la gestión de personas. Un 71 % responden que no han integrado ninguna iniciativa. No vamos bien.

El compromiso que mostremos con estos nuevos desafíos afectará a todas las disciplinas de Recursos Humanos, desde la seguridad y salud, las relaciones laborales, la compensación y la selección hasta la formación y el desarrollo de todos los profesionales que trabajan en la empresa. Para ello será necesaria la colaboración de todos los departamentos de una organización, acompañada del liderazgo de los departamentos de personas para lograr este cambio sostenible y necesario.

Las compañías ya están impulsando algunas medidas en este sentido, como:

- Programas de convivencia intergeneracional en todos los niveles de la organización, en especial comités de dirección y consejos de administración.

- Acciones de concienciación sobre los ODS en colaboración con todos los departamentos de la empresa, en particular con el de Sostenibilidad.

- Creación de áreas que fomenten la salud física y emocional y el bienestar en los trabajadores.

- Formación constante de todos los equipos y todos los niveles en competencias digitales.

- Programas para líderes sobre la importancia de los ODS en su gestión con efecto en todos los *stakeholders*.

Los ODS no están solo para generar debates teóricos, sino para realizar acciones concretas que ayuden a la transformación de la sociedad. En los aspectos relacionados con personas, las principales acciones que se están llevando a cabo están relacionadas con el Objetivo 5 de Igualdad de Género. Por otra parte, ya estamos siendo testigos del nacimiento de nuevos trabajos (incluso de nuevas direcciones que pertenecen al comité de dirección) que aparecen relacionados con los ODS: coordinador de bienestar y salud, responsable de ciudades inteligentes, especialista en economía circular, experto en soluciones de movilidad, etc.

Asimismo, es necesario que el talento y las personas que quieran impulsar los compromisos ODS cuenten no solo con competencias tecnológicas, sino también con otro tipo de habilidades. La empatía, la creatividad, el compromiso con los demás, las capacidades de comunicación y de trabajo en equipo, la convivencia intergeneracional o las habilidades sociales serán algunas de las más demandadas.

En esa labor, desde mi punto de vista, hay dos objetivos que debe marcarse cada organización:

- La constante y necesaria difusión, concienciación y formación.

- El papel del líder y su compromiso con esta agenda global.

La constante y necesaria difusión, concienciación y formación

El primer objetivo supone una tarea esencial. A modo de ejemplo, cuando estaba escribiendo estas líneas, en diversas reuniones sociales pregunté a mis contertulios sobre qué entendían por *gestión del talento sostenible* y en el 99 % de los casos la respuesta fue una cara pensativa y una mirada al infinito tratando de formar una frase coherente para terminar hablando de medioambiente y economía verde. Nos falta reflexionar mucho sobre todo esto. A modo de guía, yo recomendaría ir repasando:

- **El marco normativo.** Normativa 2014/95/UE, información no financiera y diversidad, y ley española 11/2018.

- **El marco social.** Agenda 2030 e influencia de los 17 ODS en las organizaciones.

- **El marco corporativo:**

  - **Visión del CEO.** Independientemente de que la estructura organizativa que adopte cada empresa sea circular, plana o jerárquicamente convencional, la visión del CEO es fundamental para promover un modelo de gestión del talento sostenible que ponga el foco en las cuatro dimensiones: rentabilidad, personas, entorno y propósito.

  - **Liderazgo.** El CEO no es el único líder de una empresa; el liderazgo está viviendo su propio proceso de sostenibilidad, caracterizado por su cada vez mayor distribución en diferentes niveles y células organizativas (en función de la arquitectura y del modelo de organización del trabajo que exista en la empresa).

  - **Ética en la transformación digital y buen gobierno.** Los cambios del contexto de las últimas décadas, sobre los que la crisis de la COVID-19 ha desempeñado un papel de acelerador, han puesto de manifiesto los conflictos éticos y morales que rodean cualquier decisión empresarial. La consolidación de la inteligencia artificial y la robotización acelerada de muchos procesos genera nuevos dilemas desde un punto de vista ético. El buen gobierno y la ética tienen por tanto un papel crucial en la encrucijada que supone la obligada transformación digital para cualquier compañía.

  - **Planes de igualdad y sus prácticas.** Las prácticas sostenibles repercuten positivamente en la reputación organizativa, el incremento de los beneficios y la atracción del talento. Los planes de igualdad se han convertido en un vehículo para hacer frente a la complejidad del contexto y para potenciar la reputación de una organización en el mercado.

  - **Políticas de diversidad intergeneracional e inclusión.** La diversidad y la inclusión son mucho más que normativas que hay que cumplir; la legislación ha regulado su cumplimiento, pero la complejidad del contexto justifica, más allá del marco regulador, la necesidad de potenciar políticas de diversidad e inclusión para hacer más competitiva la capacidad de adaptación al entorno que tiene una organización. Sin gestión de la diversidad no es posible consolidar una gestión del talento sostenible.

- **Aprendizaje digital.** El aprendizaje es inherente al desarrollo del talento en todas sus dimensiones. En un contexto más *volátil* que nunca, la formación y la adquisición de nuevas competencias se convierte en un eje fundamental para la gestión del talento desde un punto de vista sostenible. En la misma línea debe entenderse la capacitación y el desarrollo de conocimientos digitales, con coherencia y pensando en la optimización de esos nuevos recursos en forma de conocimiento, competencias y destrezas.

- **Bienestar del empleado.** La gestión del bienestar de los empleados es una prioridad sobre todo a raíz de la crisis de la COVID-19. Hasta entonces, para muchas organizaciones se había convertido en un *nice to have,* pero tras la pandemia las empresas han tomado conciencia del impacto que, en términos de compromiso y por tanto productividad, tiene la gestión del bienestar de los empleados, tanto físico como psicológico.

- **Experiencia del empleado.** Constituye una derivada natural de la evolución de la gestión de personas y del talento. Hablar de experiencia de empleado es mucho más que desarrollar experiencias satisfactorias para los trabajadores; se trata de incorporar a los profesionales a la cadena de valor de la función de Recursos Humanos extrayendo de ellos sus opiniones de forma frecuente, establecer las métricas adecuadas a partir de su opinión y construir con ellos las experiencias adecuadas en los momentos de la verdad dentro del ciclo de vida del profesional basándose en datos objetivos y concretos. Cualquier organización que quiera llevar a cabo una gestión de personas y talento sostenible debe incorporar en su hoja de ruta una estrategia de experiencia de empleado robusta y coherente.

○ **Innovación como motor de la sostenibilidad.** La innovación es un conductor de la sostenibilidad. En un contexto donde los hábitos de consumo de productos y servicios cambian por momentos, las organizaciones han de incorporar la innovación en su cadena de generación de valor.

Hasta aquí llega el primero de los objetivos. Si la organización trabaja en estos aspectos, estará en el buen camino para poder considerarse una buena gestora del talento sostenible.

El papel del líder y su compromiso con esta agenda global

Todo esto está muy bien, pero es irrealizable o difícilmente realizable sin incorporar el esencial papel del líder y su compromiso con esta agenda global, es decir, lo que ya se empieza a conocer como *la sostenibilidad en acción,* que a todas luces es una inversión rentable.

¿Y qué debería tener este líder sostenible dentro de su maleta de conocimiento? No es fácil decirlo sin dejarnos probablemente algo fuera, pero, a primera vista, este nuevo estilo de liderazgo debería comprender:

- Una meditada reflexión sobre su propósito y sobre la huella que quiere dejar a su alrededor entre sus familiares y amigos, en su equipo, en la organización en la que trabaja y en el mundo.

- La capacidad de dar prioridad en su ya abigarrada agenda a esta nueva forma de liderar basada en un conocimiento de sus propias fortalezas y debilidades.

- La habilidad para valorar y aprovechar la diversidad de su equipo más allá de cuestiones como el género o las generaciones, entendiendo la gestión del talento de una manera mucho más profunda y global.

- La habilidad para trabajar conectándose con otras personas.

- La capacidad para crear entornos de crecimiento y desarrollo.

- Una preocupación genuina por la sostenibilidad vital de sí mismo y de sus equipos.

- Una mente abierta al cambio y a la innovación; el líder debería ser inconformista.

Es evidente que el nuevo líder «sostenible» ha de ser el primer fan de que la sostenibilidad sea sostenible en sí misma, de manera que se equilibre el valor del negocio, la estrategia y la cultura de la empresa.

Además, como no puede ser de otra forma, este nuevo estilo de liderazgo debe estar acompañado de valores fundamentales, como honestidad, transparencia, humildad, valentía, equilibrio e inclusión.

Los CEO, directores, *managers* y todos quienes desempeñan roles con responsabilidades de gestión son los agentes tractores de la cultura de la sostenibilidad, y la incorporación de esta a la agenda corporativa les requerirá un esfuerzo muy significativo.

Las organizaciones han de acompañarlos en su nuevo rol, dotándolos de conocimientos y habilidades. Muchos estudiosos del tema ya nos están hablando de cinco pilares: autoliderazgo, inclusión, negocio responsable, apertura al cambio y bienestar.

Como dice Marta García-Valenzuela, nuestro nuevo líder, en definitiva, debe estar impregnado del llamado *liderazgo consciente:* «El líder siempre siembra ejemplo. Lo ha hecho en el pasado, lo hace en la actualidad y lo hará en el futuro; la diferencia radica en los valores que le han acompañado y los que le han de inspirar a partir de ahora. La mirada hacia afuera, desde la empatía, hacia los ODS, con convicción y naturalidad, es lo que ahora hace al líder ser diferente».

Para acabar, después de esta reflexión que espero haya logrado el objetivo de tener un sentido más práctico que teórico, quiero compartir humildemente mi sensación de que cada vez que profundizo en el estudio de esta materia soy más consciente de mi propia ignorancia al respecto. Si tuviera que sintetizarlo en una frase clave para el futuro, sería esta: trabajadores y empresas debemos realizar un gran esfuerzo para generar no solo empresas más tecnológicas, sino también más humanas y enfocadas en el cumplimiento de los ODS, y en este camino la nueva era del talento sostenible ha de desempeñar un papel fundamental.

4. El bienestar en la empresa

Pablo Marina Losada
Responsable global de Salud y Bienestar
en el Banco Santander

No deja de ser paradójico que uno de los acontecimientos más negativos para la salud, de las últimas décadas, haya contribuido de forma tan significativa a la actual tendencia en favor del bienestar. La pandemia desatada por el virus de la COVID-19 supuso una catástrofe sanitaria global, de un tipo que teníamos prácticamente olvidado (probablemente sea esta la razón que explica algunos de los problemas que han entorpecido nuestra respuesta frente a ella). Sin embargo, en paralelo, varios factores se han conjugado para acelerar un movimiento en sentido contrario, hacia un modelo de salud y bienestar más holístico y sostenible. A este enfoque podríamos denominarlo sostenibilidad humana, teniendo en cuenta que su objetivo es muy similar al que en su momento tuvo el movimiento de sostenibilidad medioambiental (promover un cambio cultural a nivel global y posicionarlo como uno de los pilares de nuestro futuro, incluyéndolo en nuestro día a día).

Desde antes de la pandemia existía ya en la sociedad un esfuerzo por encontrar prácticas y estilos de vida más saludables. Es una trayectoria que viene de largo, desde finales de los setenta y primeros de los ochenta, aunque de forma muy gradual. Durante los años de la COVID-19, esta tendencia se ha extendido y consolidado rápidamente, tanto por las necesidades propias de la gestión de esta pandemia (p.ej., los confinamientos, las consecuencias de la enfermedad) como por la creciente preocupación con la salud en general. Hemos podido asistir a un proceso acelerado de desarrollo y aprendizaje, que ha sido muy exigente para los profesionales de este ámbito y también para los usuarios. Incluso para las industrias que dan servicio a ambos, en particular en el entorno digital.

En este punto, es importante comenzar a darle su lugar al papel de las dinámicas intergeneracionales en la evolución del bienestar, que ha sido clave. No en vano, el bienestar es una de nuestras principales actividades sociales y tiene un fuerte componente etario (p. ej., deporte con los amigos, acompañar a un familiar al médico, iniciar a un hijo en una actividad). De este modo, es difícil considerar la evolución en el bienestar como resultado del esfuerzo de una sola generación. Fue la generación del *baby boom* la que introdujo el ejercicio físico como parte de las rutinas diarias y generalizó el concepto de bienestar desde finales de los años setenta. Generaciones más recientes como la generación Y o la Z no son herederos puros de estas anteriores, sino que han contribuido dando mayor relevancia a conseguir un estilo de vida saludable e incorporando aspectos propios, como pueden los de salud mental o la digitalización del bienestar.

Durante la pandemia, todas las generaciones han tenido que aprender e incorporar hábitos, algunos que habíamos dejado atrás y hemos tenido que recuperar (p. ej., el uso generalizado de mascarillas), otros nuevos que se han desarrollado para hacer frente a la pandemia (p. ej., las consultas médicas online), en un proceso que ha sido extremadamente colaborativo.

Como resultado, a la salida de la pandemia tenemos sociedades más preocupadas y comprometidas con su propia salud y bienestar. No es solo la cantidad de personas que actualmente practican algún deporte o hacen ejercicio de manera regular, cuyo número se ha incrementado significativamente durante estos tres años (¿quién no tiene un amigo *runner* hoy en día?). En esa evolución, hemos ganado, además, una mayor conciencia en ámbitos que tradicionalmente quedaban lejos de la discusión. Entre ellos destacan la salud mental y emocional, que han estado históricamente reducidas a situaciones patológicas y fuera de la reflexión sobre el bienestar general. El estigma con el que se han considerado las necesidades en estas áreas ha impedido el desarrollo de una cultura del bienestar que las tuviera en cuenta de manera integral, sin temores ni vergüenzas. Sin embargo, durante y después de la pandemia, hemos visto cómo crecía la preocupación sobre el tema, de la mano del incremento en su incidencia en población general, y cómo se normalizaba su presencia en la discusión en entornos institucionales. Aunque queda mucho por hacer, poco a poco va llegando a los entornos más personales, lo que supone un enorme cambio de dinámica. Otros aspectos como la nutrición y la alimentación saludable, la salud digital o el autoconocimiento también se han desarrollado de manera exponencial durante la pandemia.

Gracias a todo ello, en un período de tiempo relativamente corto, hemos dejado atrás un bienestar enfocado casi exclusivamente en la salud física y en la atención a las enfermedades, evolucionando hacia un bienestar mucho más amplio, que considera las diferentes dimensiones del ser humano de forma más equilibrada y que se atreve a explorar prácticas que siempre habían estado en las fronteras de este concepto. Como parte de este esfuerzo por conseguir un enfoque más holístico, el bienestar acompaña a la persona durante todo el día, en su entorno personal y en los diferentes entornos públicos, ya sea como individuo o como parte de un colectivo. Es cada vez más evidente que parcelar la salud no tiene ningún sentido.

Así, es natural que nuevos agentes se hayan incorporado a este movimiento por el bienestar. Diferentes instituciones sociales, culturales y económicas comienzan a aparecer en la imagen y, entre ellas, quizás una de las más relevantes sea la empresa. Pasamos buena parte de nuestra vida, unas ocho horas diarias, cinco días por semana, en un entorno laboral, que además tiene una gran influencia en nuestro estado mental durante el resto de nuestro tiempo. ¿Cómo podría entenderse el bienestar sin contar con esta circunstancia? No es posible hacerlo. El entorno laboral ha sido y continuará siendo fundamental para entender el bienestar y su evolución. Es, además, un entorno en el que la diversidad generacional supone desafíos, pero ofrece también oportunidades. Así, el rol del empleador está pasando a ser cada vez más importante.

Vamos a revisar estos temas en detalle, pero antes debemos recalcar que, más allá del foco que esta reflexión pone en los aspectos generacionales, existen otros factores de diversidad que tienen una influencia indudable en esta discusión, cada uno de los cuales requeriría un capítulo propio o incluso varios (p. ej., el género).

1. El papel de la empresa en el bienestar

La pandemia ha cuestionado el modelo de relación entre empleador y empleado que ha regido los entornos laborales durante los últimos 75 años, desde la Segunda Guerra Mundial. Para todas aquellas actividades que no tienen que ver con el servicio directo a clientes (e incluso en algunas de estas) estamos reconsiderando, desde múltiples puntos de vista, ese viejo paradigma del empleado ligado a una localización física a la que acude a trabajar todos los días, a cambio de una remuneración básica y una serie de beneficios muy concretos (vacaciones, planes de pensiones). El trabajo en remoto, asíncrono o 100 % digital está cambiando la forma del empleo. En paralelo, nuevos tipos de beneficios están cambiando la forma de la compensación. Esta, también, es una situación que estaba fraguándose antes de la pandemia, aunque de un modo muy dubitativo, y que se ha acelerado de forma definitiva durante ella.

Otro fenómeno ha contribuido a esta aceleración: en buena parte de los países de ingresos medios y altos, nos encontramos niveles de empleo que están entre los más altos del registro histórico. Lo mismo ocurre con la movilidad laboral, en particular en áreas tecnológicas. Hoy en día, estamos en un mercado de empleados, en el que recursos y talento son una de las principales áreas de competición entre empresas. Aquí, una vez más, asistimos a un cambio de paradigma, que en este caso está dirigido por las generaciones que se han incorporado recientemente al mercado laboral o lo están haciendo ahora. Son generaciones que establecen su relación con el trabajo y con el empleador de una manera distinta:

- **Con un menor nivel de compromiso y de relación con el empleador**, lo que les permite mayor movilidad laboral.

- **Con una mayor exigencia en cuanto a condiciones laborales**, sobre todo, en flexibilidad, nuevos modelos de empleo, conciliación y volumen de trabajo.

- **Con una diferente forma de entender la compensación**, que mantiene el sueldo como principal factor de decisión, pero que da una mayor relevancia a otros beneficios.

- **Con nuevos criterios a la hora de tomar decisiones**, entre los que tiene un papel fundamental que los valores de la empresa encajen con las propias motivaciones y valores, lo que podemos denominar el propósito.

En este contexto, el bienestar se posiciona cada vez más como un elemento clave de diferenciación para la empresa, como un indicador de calidad como empleador. Por una parte, las empresas pueden considerar el bienestar dentro de la propuesta de valor para el empleado, para enriquecer su oferta. Por otra, son los empleados y los candidatos los que comienzan a demandar servicios de bienestar, con una creciente sofisticación y capacidad crítica. Cada vez más, son los propios trabajadores los que reconocen la relevancia de su empleador de cara al bienestar propio, como han puesto de manifiesto recientemente diferentes encuestas globales (ilustrado en el gráfico 4.1).

Gráfico 4.1 Encuesta de Global MMB Health on Demand 2021 (14 000 encuestados, 13 países de Asia, Europa y América)

¿Cuánta confianza o desconfianza tiene en las siguientes fuentes para brindar soluciones de salud personal que sean de alta calidad, convenientes, asequibles y seguras? (Mucha o bastante confianza)

Profesionales sanitarios consultados en persona	62 %
Profesionales sanitarios consultados por vía digital	46 %
Mi empleador	46 %
El Gobierno y el Sistema Público de Salud	42 %
Seguros médicos privados	40 %
Plataformas de comercialización *online* (p. ej., Amazon)	39 %
Empresas tradicionales (p. ej., Carrefour)	36 %
Compañías de tecnología y redes sociales	30 %
Apps comerciales y de salud (p. ej. Fitbit)	30 %

Fuente: Estudio *Health on Demand 2021. Delivering the benefits the employees want now*. Mercer Marsh Benefits.

Este nuevo contexto no solo refuerza la obligación y la responsabilidad de atender las necesidades de los empleados actuales y futuros en cuestiones de bienestar, también nos ofrece una valiosa oportunidad para hacer frente al cambio en el modelo de relación que se está fraguando, con sus riesgos inherentes, asociados a la dificultad de atraer y retener el talento. El bienestar, junto con ese otro grupo de nuevos beneficios y condiciones de trabajo, puede llegar a ser una herramienta esencial para mejorar la motivación, incrementar el compromiso y fidelizar al empleado. Un nuevo elemento de valor añadido, que el empleado tendrá que considerar en su toma de decisiones. En este sentido, las empresas que se no sean capaces de adaptarse al nuevo entorno, con la suficiente velocidad, corren el riesgo evidente de perder competitividad y atractivo como empleadores.

Es en este contexto en el que se ha producido la evolución reciente de los conceptos de salud y bienestar dentro de la empresa. Tradicionalmente, el modelo de salud en la empresa se circunscribía a la seguridad y la vigilancia de la salud en el entorno laboral. En la actualidad, el nuevo modelo de salud y bienestar puede reforzar ese papel básico y ampliarlo con beneficios y servicios adicionales, integrándolos en una propuesta mucho más completa. Sin pretender ser exhaustivos, estos servicios pueden cubrir varias necesidades:

- **Servicios médicos.** Atención médica en el lugar de trabajo, acceso a servicios médicos externos, aseguramiento de salud.

- **Actividad física.** Instalaciones para el ejercicio y el deporte, facilidades y acuerdos con proveedores, acceso a *apps* y otros servicios sobre ejercicio y deporte, competiciones deportivas internas.

- **Nutrición.** Opciones de alimentación saludable en los servicios de restauración propios, facilidades y acuerdos con proveedores de alimentación saludable, acceso a *apps* y otros servicios sobre nutrición.

- **Salud mental.** Acceso a servicios de apoyo y seguimiento, líneas 24 horas de apoyo en situaciones de urgencia o necesidad, acceso a *apps* y otros servicios sobre salud mental y emocional.

- **Apoyo social.** Actividades sociales y culturales, comunidades, grupos de apoyo.

- **Formación.** Actividades de formación y de información general en salud y bienestar, para fomentar la educación y el autoconocimiento en todos estos ámbitos.

Es, además, un esfuerzo que no debe limitarse solo al empleado y su entorno laboral, en línea con la necesidad de un enfoque holístico. Por una parte, es clave explorar opciones para apoyar al empleado en su entorno personal, que es donde va a encontrar el tiempo libre para aprovechar buena parte de estos beneficios y servicios. Por otra, es necesario considerar también el entorno familiar del empleado en la medida en que sea posible, teniendo en cuenta que la familia es uno de los elementos más importante en la estructura de las sociedades modernas. Un problema de salud y bienestar de un familiar puede tener el mismo o mayor impacto en el estado y desempeño de un empleado, que si le ocurriera al propio empleado.

El papel de la empresa se amplía, pudiendo recoger estas nuevas exigencias y necesidades de los trabajadores para transformarlas en oportunidades que permitan mantener una relación más cercana y mutuamente beneficiosa.

2. La oportunidad del desafío intergeneracional en la empresa

Salud y bienestar pueden tener diferente significado para diferentes personas. A nivel global, condiciones culturales, sociales, económicas, legales e incluso tecnológicas pueden suponer enormes diferencias en el entendimiento, percepción y acceso. Basta comparar la situación en Hong Kong, Polonia, España, Estados Unidos o Brasil, por nombrar países con particularidades muy propias en este ámbito. Obviamente, hay muchos elementos comunes (p. ej., la salud cardiovascular siempre será importante), pero existen otros en los que las diferencias son muy marcadas (p. ej., el aseguramiento de salud, el papel de la sanidad privada o la consideración hacia la salud mental y emocional).

Gráfico 4.2 Evolución en la percepción sobre distintos aspectos de salud y bienestar entre las generaciones presentes en el entorno laboral

	Enfermedades crónicas, discapacidad sobrevenida y sedentarios	Enfermedades agudas, bajo índice de discapacidad y activos
	Boomers — Gen X — Gen Y → Gen Z	
Acceso a bienestar	Seguridad, calidad	Flexibilidad, conveniencia
Situación familiar	Con familiares dependientes	Sin familiares dependientes
Gestión de gastos de salud	Riesgo de gastos, seguros de salud	Gastos limitados Pago por uso
Atención médica	Presencial	Presencial + *online*
Áreas de preocupación	Foco en salud física y enfermedad	Mayor papel de salud mental y otras áreas
Actitud social hacia la salud	Ámbito privado y clínico	Mayor disposición a hablar abiertamente

Esta diferente apreciación sobre salud y bienestar también ocurre, aunque de manera más matizada, dentro de un país. En un entorno sociocultural concreto, con unas condiciones más o menos homogéneas, uno de los factores que más influye en nuestra percepción sobre el bienestar es la generación a la que se pertenece. Es importante tener en cuenta que no es solo una cuestión de edad, que ya es de por si relevante, sino también del contexto cultural propio de cada una de esas generaciones. Los pertenecientes a distintas generaciones no pensaremos exactamente igual sobre salud y bienestar a medida que alcancemos los treinta, cuarenta, cincuenta y sesenta. Las generaciones que conviven actualmente en nuestra sociedad tienen puntos de vista diferentes y parte de ellos podrán mantenerse a medida que unas sustituyen a otras.

Estas diferencias conllevan riesgos y desafíos. En primer lugar, existe una competición permanente por los recursos de salud y bienestar que es inevitable, dado que los presupuestos públicos y privados nunca son ilimitados. Esto puede llevar a dudas y tirantes entre generaciones, como las vistas durante la pandemia. Tiene sentido que en entornos en los que no tenemos capacidad de atención para todos los pacientes, exista un proceso de identificación de aquellos en quienes esta va a tener un mayor efecto y una mayor probabilidad de éxito (triaje), que suele coincidir con poblaciones más jóvenes. Sin embargo, es también entendible que aquellos que llevan costeando la sanidad pública durante toda su vida, consideren injusto un proceso que les posterga cuando más lo necesitan. En segundo lugar, el diferente posicionamiento sobre salud y bienestar puede generar una diferente opinión en cuanto a cómo debe costearse y desarrollarse institucionalmente. Los diferentes modelos asistenciales en discusión, con variación en los pesos de sanidad pública y privada, representan los intereses de los distintos tipos de usuarios, que pueden valorar la flexibilidad frente a la garantía de acceso y la cobertura, por ejemplo. Por último, también entra en consideración la obligatoriedad frente a la voluntariedad en la participación, algo que también pudimos ver durante las campañas de vacunación que permitieron controlar la pandemia. ¿Cómo consideramos la libertad de decisión individual frente al riesgo colectivo? No es fácil, en particular en actividades o funciones estratégicas o de alto riesgo.

En el contexto empresarial, esta diferencia generacional en necesidades e intereses también conlleva un desafío importante, muy similar al reflejado antes. Por desgracia, también para nosotros, el presupuesto raramente es ilimitado y esto nos obliga a definir prioridades en cuanto a su utilización. Las obligaciones legales y regulatorias nos ayudan a simplificar las primeras decisiones, estableciendo un ámbito de actuación básico que no es discutible, alrededor de la seguridad laboral y la vigilancia de la salud. Es, a partir de aquí, cuando las empresas tienen la capacidad de desarrollar esos nuevos beneficios que comentábamos con anterioridad y donde surge el desafío.

El *one size fits all* claramente falla para responder a este desafío. Los diferentes intereses dificultan encontrar iniciativas y actividades de salud que puedan encajar sin discusión a las diferentes generaciones. Quizás, uno de los ejemplos más claros de estas dificultades sea el de los seguros médicos privados. *A priori*, un seguro médico privado que complementa la sanidad pública, ofreciendo conveniencia y alternativas, es un beneficio interesante. Sin embargo, cuando este servicio se presenta en un formato en el que parte o todo el coste sale del salario del empleado, nos encontramos que muchos optan por no contratarlo. Suelen ser los más jóvenes, en general, con una situación más saludable y sin familiares a su cargo, los que no perciben la necesidad. A medida que, con la edad, comienzan a aparecer problemas de salud que pueden llegar a ser crónicos y familiares dependientes, el porcentaje de los que deciden incorporarse a un aseguramiento privado crece (p. ej., el cambio de perspectiva que genera el primer hijo suele ser muy relevante). En este contexto, nos encontramos con uno de esos desafíos para el empleador. Por una parte, tiene sentido permitir que la decisión sea voluntaria, en particular cuando supone un gasto. Por otra, el que no sea obligatorio para todos los empleados reducirá el número de participantes, limitando la capacidad de negociación por parte de la empresa y llevando a un precio unitario más elevado en las primas para aquellos que decidan acogerse.

¿Cuál debe ser la decisión? ¿Con base en qué criterios definimos y establecemos el acceso a estos servicios y beneficios? La respuesta, por supuesto, depende de la situación concreta en la que se encuentre cada empresa en cuanto a la presencia de las distintas generaciones, su tipo de actividad, su estrategia de talento, la disponibilidad presupuestaria y otros aspectos fundamentales. Sin embargo, varios criterios pueden ayudarnos a definir esa respuesta y adaptarla a las diferentes necesidades presentes en la plantilla:

- **Alcance.** El objetivo debe ser ayudar a la mayor cantidad de empleados posible. Tiene poco sentido un esfuerzo operativo y presupuestario que solo llegue al 1 % de los empleados. Desde este punto de vista, es importante considerar cómo generamos un catálogo de servicios que permita responder a las necesidades de la mayoría de los empleados (como ya hemos dicho, un solo servicio raramente podrá conseguirlo).

- **Impacto en la persona.** Debemos generar un beneficio significativo para la salud y el bienestar de la persona, que además sea sostenible en el tiempo. Tiene más sentido un programa de cambio de hábitos que tenga un seguimiento periódico y mantenido, que una acción puntual sin mayor recorrido.

- **Cobertura.** Una de las principales barreras para el éxito de los servicios de salud y bienestar es que estos tengan un coste o copago. Esto suele reducir significativamente el nivel de uso real del servicio (5-10 veces o incluso más), sobre la base de limitar su adopción (p. ej., una plataforma *online* de servicios de salud). Si un servicio está disponible, el beneficiario tendrá la posibilidad de probarlo e incluirlo en su rutina antes o después, en general por recomendación de su entorno, por la aparición de una necesidad, por efecto de la comunicación interna. Si no lo tiene disponible, es mucho más difícil que dé el paso de contratarlo.

- **Coherencia.** Es importante plantear este tipo de servicios y beneficios de salud y bienestar como parte de un posicionamiento claro de la organización, que permita a los empleados conocer las principales áreas de foco, entender las razones que han llevado a esas prioridades y saber qué pueden esperar en el futuro. Un análisis de las principales causas de enfermedad en la plantilla y de bajas médicas, una encuesta sobre preocupaciones y necesidades, así como información sobre las afecciones comunes y laborales más prevalentes en la población general puede ayudar a establecer estas áreas prioritarias de acción.

- **Retorno para la empresa.** Además del impacto en la persona, es importante considerar también el impacto en la empresa. La consolidación de la salud y el bienestar en el entorno laboral, como parte fundamental de la propuesta de valor para el empleado debe venir de la mano de la medición de su impacto y el retorno para la organización. Más allá de la responsabilidad que las empresas tienen hacia sus empleados y del beneficio de salud y bienestar que estos servicios pueden suponer para ellos, en muchos casos la decisión dependerá también de un *business case* donde se planteen de manera integral todas las ventajas. De hecho, es bueno que sea así porque de esta rentabilidad puede depender la sostenibilidad en el medio y largo plazo de un programa de beneficios. La reducción del número de bajas de corta y larga duración, de accidentes, de empleados con enfermedades crónicas, de pérdida de talento o la atracción de talento que se puede generar son, entre otros, factores que deben tenerse en cuenta frente a los costes de servicios y beneficios.

En conjunto, de cara al establecimiento de un esfuerzo en salud y bienestar que considere las particularidades de las generaciones que conviven en la empresa, estos criterios pueden ayudar a establecer una toma de decisiones basada en eficiencia y productividad que limite las dificultades derivadas de sus distintos intereses. De la mano de una adecuada y recurrente comunicación, deben permitir establecer un esfuerzo positivo en favor de la salud y el bienestar, que funcione como factor de diferenciación frente a otras organizaciones, ayudando a atraer y retener al mejor talento sobre la base de la satisfacción, la motivación y el compromiso.

Además, amparada entre estos desafíos existe también una oportunidad que no debemos desdeñar. Como ya hemos mencionado, entre las influencias más importantes para un empleado está la de sus compañeros. En el entorno laboral, estos son la principal fuente de información sobre cualquier iniciativa y de opinión sobre sus bondades o deméritos. En un contexto de diversidad generacional, la propia convivencia como compañeros de personas con distintas percepciones, necesidades e intereses puede dar lugar a un enriquecimiento en la experiencia de todos, si se establecen los puentes adecuados. Un programa de salud y el bienestar sólido y bien enfocado puede ser uno de esos puentes. Empleados más jóvenes pueden llegar a apreciar las ventajas de una mayor protección y seguridad asistencial frente a la flexibilidad total (p. ej., seguros de asistencia parcial, seguros dentales) o los beneficios de la tradicional alimentación mediterránea. Por su parte, personas con un punto de vista más conservador pueden descubrir nuevas prácticas y actividades saludables que jamás habrían considerado (p. ej., actividades de meditación y *mindfulness*, uso de pulseras y medidores de actividad). Indudablemente, las diferentes generaciones podrán beneficiarse en su salud y bienestar, pero también más allá. Por esta vía, podremos conectar personas de diferentes generaciones en su día a día, permitiendo relaciones más cercanas y facilitando su integración, para dar lugar a un entorno laboral más atractivo. Así, la salud y el bienestar pueden ser herramientas que nos ayuden a cohesionar la organización, a incrementar el nivel de compromiso y a reforzar el sentimiento de pertenencia, mientras respondemos a la responsabilidad de proporcionar a nuestros equipos un entorno laboral que, a futuro, sea cada vez más saludable y seguro.

5. El impacto de la inteligencia artificial en el campo de los Recursos Humanos

Ignacio Mallagray
CMO de GILMAR Real Estate y profesor del PADDB
en The Valley Digital Business School

1. Orígenes y evolución

Parece que la inteligencia artificial (IA) le ha quitado todo el protagonismo al mundo *crypto,* a la web3 o al tan manido metaverso y ahora concentra todo el interés del mercado. Cada día cientos de anuncios sobre herramientas de IA inundan nuestros perfiles de TikTok e Instagram y los principales medios digitales de nuestro país abren con dramáticos titulares que pueden generar incertidumbre en el mercado laboral y, más en particular, en el área de Recursos Humanos, como el del diario *El Mundo* del pasado mes de marzo de 2023, «La inteligencia artificial pone en riesgo 300 millones de puestos de trabajo en todo el mundo»[1] o el de *La Vanguardia* del 2 de abril, «La IA despega y amenaza el mercado laboral»[2].

Según los estudios de Statista, «la inteligencia artificial es una de las áreas tecnológicas con mayor proyección económica a corto y medio plazo. Tanto es así que el valor de mercado de esta podría rebasar la barrera de los 300 000 millones de dólares estadounidenses en 2025»[3] gracias a la democratización de la tecnología. Pero para entender su impacto, me gustaría tratar primero el término y compartir la historia y la evolución de la IA.

El Parlamento Europeo define la IA así: «es la habilidad de una máquina de presentar las mismas capacidades que los seres humanos, como el razonamiento, el aprendizaje, la creatividad y la capacidad de planear. La IA permite que los sistemas tecnológicos perciban su entorno, se relacionen con él, resuelvan problemas y actúen con un fin específico. La máquina recibe datos (ya preparados o recopilados a través de sus propios sensores, por ejemplo, una cámara), los procesa y responde a ellos. Los sistemas de IA son capaces de adaptar su comportamiento en cierta medida, analizar los efectos de acciones previas y trabajar de manera autónoma»[4].

Como podemos ver, todo esto no es algo nuevo, pues se lleva fraguando desde la época del famoso Alan Turing, a quien muchos conocen como «el padre de la IA». Sí, Alan, el prota de la película *Descifrando Enigma*. Y si esto lleva tantos años existiendo, ¿por qué hay tantos fanatismo y exaltación ahora?

Aunque el concepto de IA y el estudio de las redes neuronales tienen ya años de historia, como explica el último informe de Intel sobre IA, recogido por el medio digital *ZonaMovilidad*[5], «la explosión de los datos disponibles, en combinación con la ley de Moore, nos ha llevado a que la capacidad de computar, de hacer algo útil con esos datos, se multiplique y, por tanto, su coste se reduzca actualmente a la mitad». Sabemos que existen muchos de tipos de IA, pero este capítulo se centra en la inteligencia artificial generativa (IAG), una rama de esta tecnología que, como explica el autor Marcelo Granieri en OBS, «se enfoca en la generación de contenido original a partir de datos existentes. Esta tecnología utiliza algoritmos y redes avanzadas para aprender de textos e imágenes y luego generar contenido nuevo y único»[6]. La famosa solución de OpenAI, ChatGPT, Midjourney o Stable Diffusion son claros ejemplos de este tipo de IA. El potencial de productividad de estas herramientas resulta ilimitado. Gracias a sus API (*application programming interface*), han surgidos miles de SaaS (*software como servicio*) ofreciendo soluciones creativas que integran el poder de las principales IAG. Por otro lado, las grandes multinacionales han ido robusteciendo sus propuestas de valor incluyendo IA de una manera orgánica en sus productos, como Adobe o Microsoft.

El efecto directo de las máquinas en la productividad de los equipos humanos ha vuelto a abrir el debate sobre la amenaza del vertiginoso ritmo al que avanza la tecnología y si vamos a ser capaces de adaptarnos profesionalmente. Es natural que esta situación provoque incertidumbre; sin embargo, como experto en digital, mi objetivo consiste en transformar la actual visión de incertidumbre y amenaza tecnológica respecto a la IA en otra llena de oportunidades y aprendizaje.

Estamos aburridos de escuchar el término VUCA, acrónimo anglosajón que hace referencia a la volatilidad, incertidumbre, complejidad y ambigüedad de los tiempos que corren. Los expertos llevan años hablando de que nuestra sociedad vive actualmente en una era de cambio, pero la realidad es que vivimos en constante cambio. Somos nómadas por naturaleza. El cambio resulta algo consustancial al ser humano y a cualquier época de la historia. Es normal que tanto cambio nos dé vértigo, pero estamos en el mejor momento de la historia de la humanidad y debemos aprovechar esta supuesta amenaza viéndola como una gran oportunidad.

¿Cuál es la mejor receta para surfear la ola? Aprendizaje líquido y sentido común. Estoy convencido de que la IA reemplazará a los profesionales de Recursos Humanos (o de cualquier otro campo) con otros profesionales de Recursos Humanos que sepan cómo usar la IA. Punto.

No se destruirán empleos, sino que se transformarán. Y, con ellos, las habilidades necesarias y que demanden las compañías. Una vez más, este es un claro ejemplo, como en cualquier nuevo avance tecnológico, de competencia schumpeteriana. En palabras del propio Joseph Alois Schumpeter, exministro de Finanzas austríaco, «el cambio y la innovación son el motor del crecimiento económico..., aunque por el camino destruyan empresas y marcas que parecían indestructibles».

Las compañías y los profesionales mejor preparados contarán con una ventaja competitiva y empujarán a cualquier industria a crecer y a aportar más valor. Esta situación nos hará evolucionar y nos beneficia a todos porque, obviamente, somos empleados, pero también consumidores. La disciplina de recursos humanos no es una excepción y está expuesta, igual que cualquier otra, a cambios y a transformación. El efecto es y será directo en la forma en la que se recluta, se gestiona y se desarrolla el talento en las organizaciones. Históricamente, la función principal de los profesionales de Recursos Humanos estaba centrada en administrar la nómina, gestionar al personal o realizar tareas administrativas. Sin embargo, con el avance de la tecnología, su papel ha evolucionado radicalmente. Ahora la figura de Recursos Humanos es responsable de mucho más que simplemente manejar el papeleo o la burocracia relacionada con los empleados de la empresa. Recursos Humanos desempeña un papel estratégico en la organización al colaborar mano a mano con las posiciones *C-level* (la cabeza de un equipo o jefe de área) y contribuir al logro de los objetivos empresariales. El avance tecnológico es el principal responsable de este cambio de paradigma. Las herramientas y plataformas tecnológicas han permitido automatizar tareas repetitivas y liberar tiempo para poder enfocarse en actividades de mayor valor, como la gestión del talento y el desarrollo de estrategias de retención. Además, navegar entre el *big data* se ha convertido en algo crucial en su rutina de trabajo. Los análisis basados en datos son ahora clave para recopilar y analizar KPI (*key performance indicators*) como la productividad, el rendimiento, la rotación o los índices de satisfacción laboral. Estas nuevas herramientas forman ya parte del día a día del *stack* tecnológico de cualquier departamento de Recursos Humanos. Estamos viviendo una revolución tecnológica que aporta valor a los profesionales pero que también les obliga a su transformación de habilidades, tanto duras como blandas. Se trata de un nuevo rol que se presenta más analítico, social y estratégico que nunca. La llegada de la IA no hará que cambie esta evolución o este recorrido, sino que conseguirá que el departamento de Recursos Humanos y sus profesionales sigan innovando y aportando cada vez más valor a la empresa.

Veamos un ejemplo: voy a pedirle a GPT4[7] que nos cuente cómo será el efecto de esta tecnología en el proceso de selección de un candidato a una posición de marketing:

Prompt: «Escríbeme una historia corta en la que Nacho (aspirante a jefe de marketing) está intentando buscar un nuevo reto profesional y Teresa (responsable de Recursos Humanos de una gran multinacional) está buscando talento. Quiero entender cómo la IA y los avances tecnológicos influirán en este proceso».

Respuesta*:* «En 2030, Nacho Sánchez, un experto en marketing con un impulso incansable, estaba buscando su oportunidad de liderar un equipo en una multinacional. Mientras tanto, Teresa García, la directora de Recursos Humanos de la compañía GlobalTech, estaba buscando a un jefe de Marketing capaz de revolucionar el equipo. El avance tecnológico había cambiado drásticamente el proceso de selección. Las plataformas de IA estaban a la vanguardia, eliminando los sesgos de selección y aumentando la eficiencia del proceso. Nacho, siempre atento a las nuevas tendencias, había actualizado su perfil en la plataforma más popular, JobFuturo, donde los aspirantes a un empleo podían compartir sus habilidades, experiencias y recomendaciones e incluso mostrar su capacidad de liderazgo y resolución de problemas a través de juegos y simulaciones interactivas. Teresa, por su parte, contaba con la ayuda de la IA para filtrar los perfiles de los candidatos, dando prioridad a las habilidades y a la experiencia por encima de cualquier sesgo subjetivo. Además, GlobalTech había implementado el uso de un *software* avanzado de entrevistas en realidad virtual (RV) donde se podían recrear situaciones y desafíos del mundo real en un entorno controlado, permitiendo a los candidatos demostrar sus habilidades de una manera más auténtica. Así fue como la plataforma JobFuturo recomendó a Nacho para la vacante de jefe de Marketing en GlobalTech. Elena quedó impresionada con su perfil. La experiencia de Nacho, su capacidad para resolver problemas y su enfoque de liderazgo coincidían con lo que buscaba GlobalTech. El siguiente paso fue la entrevista en RV. Nacho, sentado en su hogar, se colocó las gafas de realidad virtual. En el mundo virtual, se encontró en una sala de reuniones con Teresa al otro lado de la mesa. Allí, Nacho fue sometido a varias pruebas que replicaban escenarios y desafíos a los que podría enfrentarse en su puesto. Nacho, a pesar de la presión, se sintió en su elemento. Navegó a través de los problemas de marketing, propuso estrategias innovadoras y demostró una impresionante capacidad de liderazgo. Elena estaba asombrada por la manera en la que Nacho manejaba las situaciones, resolvía los problemas y mostraba su habilidad para inspirar a los equipos virtuales. Al finalizar la entrevista, Nacho se quitó las gafas de RV y sonrió. Se sentía optimista. Por otro lado, Teresa estaba convencida de que había encontrado al candidato perfecto para el puesto. La tecnología, sin duda, había revolucionado el proceso de selección, permitiendo a Nacho demostrar sus habilidades más allá de un simple currículum y a Teresa contratar al mejor talento para su empresa. En un futuro no muy lejano, Nacho estaba seguro de que esta nueva era digital le proporcionaría aún más oportunidades para crecer y sobresalir en su carrera».

La verdad es que este ejemplo muestra exactamente tal y como me imagino el futuro.

Independientemente de mi visión, soy consciente de que la IA también puede provocar o tener consecuencias negativas en el ámbito laboral si no se integra de forma correcta o si su ritmo resulta demasiado rápido. Sin embargo, si esto ocurre, será en gran medida una consecuencia de nuestras malas decisiones. Está en nuestras manos adaptarnos al cambio —una vez más— de la mejor manera posible. El objetivo es que la IA asuma tareas administrativas y rutinarias que no aporten valor y que nosotros podamos supervisar. En el campo de Recursos Humanos serán tareas sencillas como la recopilación y el procesamiento de datos, el *schedulling* de entrevistas, el análisis de CV o perfiles de empleados o la automatización de las nóminas. Resultará una compañera de trabajo que nos permitirá centrarnos en actividades estratégicas y de mayor valor, como el reclutamiento o la retención del talento. Esta relación no implicará que la IA devore puestos de trabajo, sino que se centrará en encontrar el equilibrio perfecto entre las capacidades humanas y las tecnológicas para la mejora de la productividad. Los líderes de Recursos Humanos tendrán el reto de asegurar que los empleados estén preparados para trabajar con la IA y que puedan recibir la capacitación necesaria para adaptarse a los cambios. Los famosos planes de gestión del cambio y el *upskilling* o *reskilling* de competencias serán aspectos clave para superar la incertidumbre que plantea el futuro artificial y poder capitalizar positivamente todas las oportunidades que brinde la IA. Este escenario hará que sea crítico desarrollar y fomentar entre los trabajadores las habilidades blandas (*soft skills*), como la autodisciplina, el pensamiento crítico, la gestión de la presión o habilidades interpersonales que potencien y complementen todo lo que la IA no pueda aportar.

Como recoge el medio *Equipos&Talento* en un informe de Factorial (*software* de Recursos Humanos), el efecto en la productividad de la IA sobre los profesionales de Recursos Humanos será muy significativo: «gracias a la IA se reducirán los sesgos inconscientes en los procesos de contratación, mitigando prejuicios e impulsando la diversidad. Se mejorará la búsqueda y la selección de talento al analizar grandes volúmenes de datos de candidatos en cuestión de minutos, identificando los perfiles más relevantes en función de los requisitos específicos del rol. Se tendrá una mejor foto sobre las *skills* y necesidades de los empleados, pudiendo predecir la necesidad de nuevas contrataciones y mejorar los planes de formación con plataformas de aprendizaje líquido que detecten cuándo es el mejor momento para impartir una formación para asegurar su éxito»[8].

2. ¿Cómo redefinirá la IA a las diferentes generaciones?

Respecto al título del libro, *El factor edad,* es evidente que la IA redefinirá el paisaje laboral y afectará a todas las generaciones, aunque de formas muy diferentes:

- **Baby boomers.** Para los trabajadores de esta generación, la IA puede ser una herramienta de apoyo para extender y mejorar su vida profesional. Puede ayudar a eliminar tareas repetitivas y físicas, permitiendo centrarse en trabajos más estratégicos.

- **Generación X.** La gran mayoría de sus integrantes están en roles de liderazgo y pueden verse directamente afectados por la implementación de la IA en sus empresas. Tienen la responsabilidad de liderar esta transformación y han de estar preparados para gestionar cualquier cambio que la IA puede acarrear internamente, fijando una estrategia de implantación adecuada. Está en sus manos que esta implementación lleve un ritmo correcto y sensato para las cuatro generaciones.

- **Millennials.** Son mayoritariamente nativos digitales y, en general, se trata de una generación más abierta a la adopción de nuevas tecnologías. Sin embargo, también podrían ver cómo algunos empleos actuales son automatizados por la IA. Esto requerirá una adaptación permanente y una nueva mentalidad de aprendizaje continuo para no quedarse atrás. Su habilidad de adaptación será la gran clave de su éxito.

- **Generación Z.** Entrará en un mundo laboral donde la IA será una norma. Sus integrantes tienen la ventaja de estar expuestos a la tecnología desde que nacieron y cuentan con un conocimiento tácito de ella. A pesar de ello, deberán vivir permanentemente fuera de su zona de confort y adaptarse para carreras o roles profesionales que todavía no existen. Las carreras de artes y humanidades cada vez serán más demandadas por esta generación.

Como vemos, la IA tendrá un efecto transformacional en todas las generaciones y deberemos estar preparados para adaptarnos a nuevas formas de trabajar, aprender nuevas habilidades y estar dispuestos a ser flexibles y resilientes ante el cambio. Todo esto no implica que la IA venga a destrozar el empleo, sino a reforzarlo, y está en nuestras manos, independientemente de la generación a la que pertenezcamos, aprovechar la magia de esta tecnología para crecer.

A pesar de los avances tecnológicos, el valor de las habilidades interpersonales, la empatía y la ética en las decisiones nunca podrán ser sustituidos.

El rol de los directivos de Recursos Humanos desempeñará un papel capital en todo esto y seguirá evolucionado significativamente a lo largo del tiempo. Su figura continuará adquiriendo una dimensión estratégica de vital importancia. La transformación digital, el *wellbeing,* el salario emocional o los famosos planes de formación líquida son algunos retos que harán que su papel resulte más crucial que nunca. Estos directivos tendrán que estar implicados en la definición del camino que ha de seguir la marca, contribuyendo a su estrategia a través de una gestión del talento efectiva y alineada con los objetivos de la organización y a llenar a las marcas de propósito y de valores. Son y serán los responsables de asegurar que se disponga del talento necesario, de que los empleados estén comprometidos y motivados y de que se mantenga un ambiente laboral positivo y productivo. Además, serán los responsables de impulsar una empresa justa con valores que abandere correctamente la gestión de la igualdad y la diversidad demostrando que las organizaciones que son inclusivas y diversas tienen un mejor rendimiento. Como vemos, su rol ha evolucionado de ejecutor de tareas administrativas a líder estratégico que tendrá un papel esencial en la gestión y el éxito de la organización. Ellos son los guardianes e impulsores de la cultura corporativa, los abogados de los empleados y los estrategas que ayudarán a moldear y a ejecutar la visión de la empresa, y todo esto con la IA como su principal herramienta de trabajo, nunca como una amenaza.

3. Top herramientas IA para la gestión de Recursos Humanos

En la vanguardia de la gestión de Recursos Humanos, las herramientas de IA se han vuelto también indispensables. Esta es mi lista de las cinco mejores para cualquier profesional de esta área:

1. **JDAID.** Para automatizar cualquier descripción de empleo con el tono de voz y los mensajes adecuados.

2. **PROG.AI.** Para reclutar perfiles digitales. Permite validar en tan solo un clic la habilidad de cualquier desarrollador (*scoring*) y contactarle con *templates* de correo electrónico customizadas.

3. **DOVER.** Este ATS gratuito integra IA para que, con tan solo una *job description,* la herramienta consiga *matchear* con el mejor perfil.

4. **HIRELAKE.** Extrae y coteja los datos de cualquier currículum con la descripción del puesto de trabajo de forma masiva.

5. **MOVEWORKS.** Esta plataforma de experiencia del empleado utiliza IA para resolver y prevenir problemas en el trabajo. Resuelve automáticamente las solicitudes, comunica los cambios y muestra al equipo qué debe solucionar, lo que le permite resolver muchos momentos de frustración.

Y, por supuesto, ChatGPT como ayudante e inspiración para la redacción de mi capítulo.

6. Retos en la Administración Pública

Paloma Urgorri
Inspectora de Trabajo y Seguridad Social

1. ¿Qué debemos esperar de la Administración Pública del siglo XXI?

¿Por fin una evaluación del desempeño?, ¿cómo afrontar la dificultad para captar talento? El Estatuto Básico del Empleado público del año 2007 fue la primera de las normas con las que la Administración pretendía afrontar los retos que apuntaba el inicio del siglo XXI.

Tras ello, se han sucedido diversas modificaciones hasta llegar a refundir, en un único texto, en el que se integran, debidamente regularizadas, aclaradas y armonizadas, la Ley 7/2007, de 12 de abril, del Estatuto Básico del Empleado Público y el resto de las leyes posteriores.

De esta manera, el Real Decreto Legislativo 5/2015, de 30 de octubre, por el que se aprueba el texto refundido de la Ley del Estatuto Básico del Empleado Público ha sido la referencia que ha guiado a la Administración Pública española hasta el proyecto de Ley de la

Función Pública de la Administración del Estado que se ha sometido a información pública y que se está tramitando en el Congreso de los Diputados.

Previamente el 14 de noviembre de 2022, se suscribió el Acuerdo Marco para una Administración del siglo XXI entre el Ministerio de Hacienda y Función Pública, y las organizaciones sindicales CCOO y UGT.

Durante todo este tiempo, los servidores públicos, funcionarios o empleados públicos de fundaciones o empresas públicas han padecido las dificultades en la organización de las personas que conforman la Administración Pública española y prestan un servicio público imprescindible en las sociedades actuales de ciudadanos con nuevas necesidades y, cada vez, más exigentes.

El Acuerdo Marco se enmarca en el Plan de Recuperación, Transformación y Resiliencia (PRTR), aprobado por el consejo de ministros de 27 de abril de 2021 y el proyecto de transformación se sustenta en el componente 11 del PRTR: «la digitalización de la administración y sus procesos, la reducción de la temporalidad en el empleo público y la mejora de la formación y capacidades de las empleadas y empleados públicos, la transición energética y la modernización de la gestión pública, asegurando un nuevo modelo de gobernanza más estratégico y con un seguimiento que permita una mejor rendición de cuentas».

Sorprende que después de este ambicioso objetivo transformador, el acuerdo incorpore disposiciones sobre cuestiones menos transformadoras como retribuciones, jornada laboral, eliminación de medidas de ajuste y, de una forma más genérica, se contemple la digitalización o la atracción y retención del talento.

El Proyecto de Ley de la Función Pública de la Administración del Estado, de acuerdo con su Memoria del Análisis de Impacto Normativo (MAIN), tiene como finalidad «regular la organización y ordenación de la función pública, estableciendo un equilibrio entre los derechos reconocidos por esta norma básica y las potestades de autoorganización de la Administración del Estado; e implementando las figuras jurídicas que introdujo esa norma básica (Estatuto Básico del Empleado Público), como la regulación de la dirección pública profesional, de la evaluación del desempeño o de la carrera horizontal. A mayores, se aprovecha la oportunidad para introducir elementos innovadores que, a la luz de la experiencia acumulada en la gestión de los recursos humanos y, a la vista de los principales retos a que se enfrenta, puedan servir de punto de partida y base normativa para acometer la reforma estructural del empleo público en la Administración del Estado».

¿Puede ser esta nueva Ley de la Función Pública de la Administración, la que enfrente y resuelva los retos de la Administración Pública del siglo XXI? ¿Puede servir de guía para el resto de las Administraciones, autonómica y local en un Estado descentralizado?

Cualquier persona que trabaja en el sector público conoce las dificultades con las que se encuentra en la prestación del servicio público. Los gestores de los recursos materiales y de las personas padecen las mismas dificultades, pero además cuentan con instrumentos de gestión claramente insuficientes e ineficientes.

Es habitual la queja de los empleados públicos ante la falta de incentivos económicos, la escasa carrera profesional o la falta de oportunidades de crecimiento (sobre todo, de los que acceden a las escalas superiores de la administración), la carencia de recursos, la falta de reconocimiento de los ciudadanos o la falta de alineación con los valores de la organización, en ocasiones, como consecuencia de la utilización política de la Administración Pública.

Pero todas estas quejas tienen su reflejo en los directivos y gestores de personas que tampoco tienen herramientas legales para conseguir que trabajen las personas más adecuadas a cada una de las labores que allí se realizan, ni para aumentar la eficacia en la prestación de servicios, así como para crear un clima laboral agradable o fomentar acciones de mejora, en todos los sentidos.

La misión de un Estado social y democrático de derecho exige una administración pública capaz de satisfacer las necesidades y expectativas ciudadanas de progreso y bienestar y, por tanto, de prestar los servicios públicos que ello conlleva. Pero, también, tiene que ser capaz de evolucionar y anticiparse a los cambios que las sociedades avanzadas exigen cada vez con mayor rapidez.

Constituye, por tanto, una obligación de los poderes públicos hacer efectivo el derecho a una buena administración mediante la planificación y la dotación de los recursos que permitan dar respuesta a las complejas exigencias de nuestro tiempo.

Todo lo anterior nos enfoca en tener que afrontar los siguientes retos:

- Eficiencia y eficacia en la prestación del servicio público.

- Transformación digital.

- Innovación y adaptación a las nuevas tecnologías.

- Organización eficiente de las personas y recursos materiales, y convivencia entre diversas generaciones de empleados públicos.

- Equidad retributiva y, en consecuencia, evaluación del desempeño.

- Motivación.

- Captación y atracción de talento.

- Fidelización de los empleados públicos.

2. Situación actual de la Administración

El Boletín Estadístico del Personal al servicio de las Administraciones Públicas (BEPSAP) con datos a julio de 2022 refleja la siguiente situación[1]:

Tabla 6.1 personal de las administraciones públicas

Personal al servicio de las administraciones públicas	Número de efectivos	Porcentaje
Sector público el Estado	515 449	18.87 %
Administración del Estado	227 492	8.32 %
Ministerios	90 151	3.30 %
Organismos autónomos	59 878	2.19 %
Entidades públicas empresariales	21 480	0.79 %
Agencias estatales	16 995	0.62 %

Personal al servicio de las administraciones públicas	Número de efectivos	Porcentaje
Autoridades administrativas independientes	1621	0.06 %
Universidades públicas no transferidas	2582	0.09 %
Otros entes de Derecho Público	34 785	1.27 %
Fuerzas Armadas y Fuerzas y cuerpos de seguridad del Estado	263 913	9.66 %
Fuerzas Armadas	118 504	4,34%
Policía Nacional	70 360	2.58 %
Guardia Civil	75 049	2.75 %
Administración de Justicia	24 044	0.88 %
Sector público de las comunidades autónomas	1 617 142	59.21 %
Administración genera	1 452 077	53.17 %
Universidades	165 065	6.04 %
Sector público de la administración local	598 526	21.92 %
Ayuntamientos	531 850	19.48 %
Diputaciones, cabildos y consejos insulares	66 676	2.44 %
TOTAL	2 731 117	100.00 %

Fuente: Boletín Estadístico del Personal al servicio de las Administraciones Públicas BEPSAP.

La distribución de personal entre Estado, comunidades autónomas y administración local es la siguiente:

Gráfico 6.1 Número de empleados y empleadas

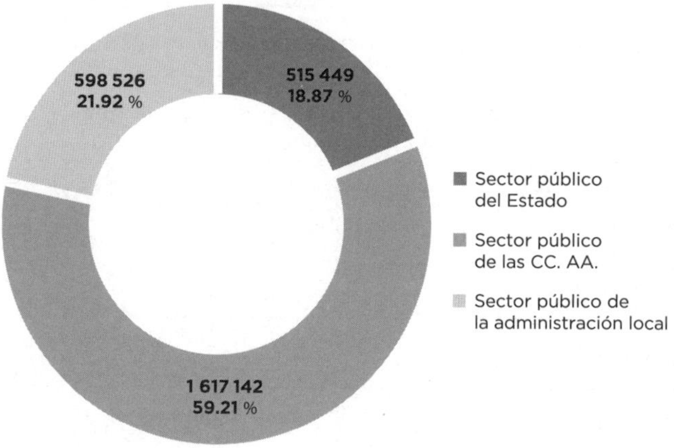

- **598 526** 21.92 %
- **515 449** 18.87 %
- **1 617 142** 59.21 %

- ■ Sector público del Estado
- ■ Sector público de las CC. AA.
- ■ Sector público de la administración local

Fuente: Boletín Estadístico del Personal al servicio de las Administraciones Públicas BEPSAP.

Si dividimos estas cifras en función del sexo la distribución es la siguiente:

- 57.81 % mujeres.
- 42.19 % hombres.

Con diferencias importantes en favor de uno u otro sexo según el área, si analizamos, por ejemplo, la Administración de Justicia, observamos una mayoría de mujeres o las Fuerzas Armadas y fuerzas y cuerpos de seguridad del Estado, en las que la mayoría son hombres. Y este número de empleados públicos que presta servicios públicos diversos para administraciones diferentes enfrentan retos similares: falta de carrera profesional, motivación o atracción y retención de talento.

3. Captación de talento

Otro de los grandes retos de la administración en los próximos años es la captación de talento y la gestión de la diversidad generacional. Lo anterior reta a la administración en dos aspectos:

• Convivencia de distintos grupos de edad en las administraciones.

• Aportación de diferentes valores por parte de las nuevas generaciones que se incorporen como la innovación o la mejora en la imagen de la Administración. Si la incorporación se hace de forma exitosa, además habrá una mejora en la eficiencia.

En el ámbito de los recursos humanos es frecuente la queja de los directores de personas en las empresas en relación con las dificultades para captar talento, al menos, en determinadas profesiones y, sobre todo, en las carreras de ciencias, tecnología, ingeniería, arte y matemáticas (STEAM, por sus siglas en inglés).

Tradicionalmente, se ha instalado la creencia de que los jóvenes quieren estabilidad y que, por ello, prefieren acceder al empleo público. Pues bien, la realidad de los últimos años ha demostrado que esa creencia es errónea y más bien parece que ahora lo que no quieren es ser «burócratas» y tener trabajos «aburridos», con poca promoción profesional o que no permitan la movilidad horizontal.

La Secretaría de Estado de Función Pública, que ha analizado la edad de los empleados públicos y ha proyectado el escenario de personas contratadas para los próximos años, ha tomado conciencia del problema que se generará cuando sea difícil la prestación de los servicios públicos que las administraciones de todo tipo tienen encomendadas, por la jubilación de numerosos empleados públicos.

Debemos reconocer que la imagen del clásico funcionario burócrata es minoritaria y que la mayoría de los empleados públicos son policías, profesores, médicos y enfermeros, entre otras profesiones, sin las cuales un estado de bienestar como el nuestro no podría satisfacer las necesidades de la ciudadanía[2].

Gráfico 6.2 Pirámide de edad del personal al servicio de la
Administración del Estado

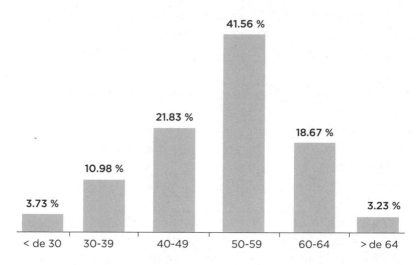

Fuente: Boletín Estadístico del Personal al servicio de las Administraciones Públicas
BEPSAP.

Por ello, el personal funcionario de los más diferentes cuerpos y
escalas de la Administración General del Estado y, poniendo el foco
en la diversidad generacional, estamos participando en las jornadas
de Captación de Talento que se encuadran dentro del Plan de Captación de Talento en la Administración General del Estado, que busca
atraerlo a las Administraciones Públicas promoviendo las oportunidades de trabajo en la función pública.

Estas jornadas y otras iniciativas como la difusión en YouTube,
LinkedIn o Instagram de las experiencias personales de los empleados
y empleadas públicas buscan mejorar la imagen de la Administración General del Estado como empleadora, así como la de sus empleados y empleadas, poniendo de relieve su importante aportación
a la sociedad, explicando su trabajo y creando conciencia del valor de
los servicios públicos prestados.

Una de las estrategias para la captación de talento es acercar y
dar a conocer las oportunidades de trabajo que ofrece la función pública. En el marco de este plan se organizan jornadas en diferentes
ámbitos como universidades, colegios profesionales y centros de

educación, donde los ponentes explican el empleo público como salida profesional.

Además de la captación de talento, como consecuencia, no solo de una denostada imagen de la administración, sino de un efecto demográfico y, de momento, inevitable, deberíamos planificar la ordenación de los recursos materiales y de las personas.

En los últimos veinte años, las prioridades de los jóvenes, que son los principales candidatos para ocupar puestos en la administración han variado sustancialmente. Del paradigma de la estabilidad en el empleo, vigente hasta los años noventa, se pasó a la necesidad de reconocimiento profesional, condiciones económicas o vinculación emocional con los empleadores; y, tras la pandemia, la búsqueda de mejores condiciones de conciliación, mejores horarios o tiempo libre. Dicho de otro modo, estamos ante un enorme reto, pero también una gran oportunidad para la atracción de talento en la Administración, capaz de ofrecer mejores condiciones laborales que el sector privado.

Como consecuencia de lo anterior, surge la acuciante necesidad de innovar, pero en el entendido de que innovar no es solo innovación tecnológica.

Las personas que ocupan las direcciones en la administración deberían ser seleccionadas buscando competencias en innovación del servicio prestado por la organización, especialmente, en los procesos. También deben tener las habilidades necesarias para dirigir a las generaciones de empleados públicos al borde de la jubilación y la incorporación y convivencia con las incorporaciones de jóvenes empleados públicos.

La carencia de candidatos al empleo público y la reducción, por tanto, de los empleados públicos, debe aprovecharse para innovar en los procesos y en la organización. La administración va a tener que prestar más y mejores servicios públicos con menos recursos humanos.

Por ejemplo[3], debe redefinir los procesos productivos para dar un menor tiempo de respuesta o mayor calidad al ciudadano (innovación en proceso). También hay que redefinir o incorporar nuevos procesos de gestión en la administración (innovación en la gestión).

La simplificación en los procesos de gestión no conlleva necesariamente menos seguridad jurídica, preocupación recurrente en la administración. Procesos complejos en las compras, por ejemplo, no han evitado prácticas, cuanto menos, irregulares de algunos gestores.

La pandemia obligó a utilizar, por ejemplo, vías de telecomunicación telemática entre los empleados públicos y con los ciudadanos que pocos días antes hubiesen sido impensables. Es decir, la innovación no implica exclusivamente la generación de nuevos servicios, sino que afecta también a la forma de hacer las cosas.

En esta materia se abren nuevas oportunidades gracias a la inteligencia artificial y a la incorporación de las nuevas generaciones de empleados que conecten de manera natural con la ciudadanía.

4. Evaluación del desempeño

La evaluación del desempeño es uno de los retos que parece que se van a abordar una vez se apruebe la Ley de la Función Pública.

Desde que se apuntó esta posibilidad en el Estatuto Básico del Empleado Público, los empleados públicos y, sobre todo, los gestores de personal han anhelado que se implementase este mecanismo en sus organizaciones como herramienta de compensación que garantice la objetividad y la equidad en las retribuciones de las personas que conformaban sus equipos. No siempre han compartido esta preocupación los representantes de personal de los empleados públicos ya que se ha cernido sobre ellos la sospecha de que los sistemas iban a carecer de objetividad e iban a adolecer de discrecionalidad.

Por tanto, de una manera teórica y bien intencionada, ha habido una confluencia de opiniones sobre la necesidad de medir la conducta profesional y el rendimiento o el logro de resultados de los empleados públicos.

Para valorar la conducta profesional o el desempeño del puesto de trabajo se han efectuado propuestas teóricas sin que, en la práctica, salvo excepciones, se hayan implementado verdaderos sistemas de evaluación del desempeño individualizados.

Existen algunos colectivos de empleados públicos como, por ejemplo, los funcionarios del Sistema de Inspección de la Agencia Tributaria o de la Inspección de Trabajo y Seguridad Social, que tienen elementos que permiten medir la obtención de resultados, la conducta profesional y la calidad de su trabajo y vincularlo a una parte importante de sus retribuciones. Aunque estos sistemas no sean una verdadera evaluación del desempeño y sean mejorables, son una aproximación a la valoración del trabajo y productividad de cada empleado público, si bien valoran aspectos meramente cuantitativos y desdeñan otros como la calidad del trabajo, la actualización o la relación con otros empleados públicos o los administrados.

Por ejemplo, los inspectores de Hacienda regulan su retribución variable y perciben en concepto de productividad (concepto retributivo variable) una media del 25 % de la nómina anual de un inspector. Esta retribución está ligada al conjunto del trabajo de cada año y se basa en el número de expedientes finalizados y en la calidad de estos: por cumplimiento de los plazos, regularizaciones voluntarias por los contribuyentes inspeccionados o el ingreso efectivo de las liquidaciones, entre otros[4].

Los inspectores de Trabajo y Seguridad Social también perciben un complemento de productividad en función de variables similares. Este sistema, que incentiva la actividad de los funcionarios, también conlleva el efecto indeseado de que, al estar limitada la cuantía que se puede alcanzar por el cumplimiento de los objetivos fijados, una vez alcanzados estos, a actividad individual de cada funcionario se puede ralentizar.

En ambos casos, como hemos apuntado, se da más peso a los resultados cuantitativos que a los de calidad o se valoran de forma global para un colectivo y solo se individualizan algunos resultados, y no siempre encuentran justificación en el servicio público encomendado o en los objetivos que debe cumplir la Administración Pública que los implanta.

El Instituto Nacional de la Seguridad Social, también ha establecido objetivos e indicadores de medición referidos a la gestión de las prestaciones, control de las prestaciones, información y atención a los ciudadanos y funcionamiento interno.

Estos ejemplos son actividades de los servicios públicos que están ligados a objetivos de recaudación e ingresos públicos o al ejercicio de potestades administrativas sancionadoras.

Con carácter general, no ha sido posible extender este sistema a más empleados públicos o, cuando se ha intentado, no se han establecido correctamente objetivos o sistemas para medir de forma objetiva el desempeño del empleado público o de los resultados obtenidos. Los empleados públicos, cuya actividad y desempeño no es fácilmente medible, han recibido retribuciones que deberían ser variables ligadas a recompensar su desempeño de forma automática e igualitaria entre los perceptores. Estas retribuciones se han designado, en ocasiones, a la realización de una jornada superior o a realizar parte de la actividad por la tarde.

El Proyecto de Ley de la Función Pública en relación con los directivos apunta que la evaluación del desempeño «determinará la continuidad en el puesto que se desempeñe como personal directivo, la progresión en la carrera directiva profesional, así como, en su caso, la cuantía de la parte variable de las retribuciones».

En el «Título V» desarrolla la evaluación del desempeño y llama a regular su procedimiento mediante su desarrollo reglamentario.

La regulación de los principios y los efectos que la evaluación del desempeño tendrá se regulan profusamente, pero se une su implementación al instrumento de planificación estratégica de cada departamento ministerial, organismo o entidades vinculadas que, además, deberá validar la Comisión de Coordinación de la Evaluación del Desempeño.

En los textos iniciales se preveía que «la obtención continuada de resultados negativos en la evaluación del desempeño dará lugar a la remoción del puesto obtenido por concurso, de acuerdo con lo dispuesto por el artículo 57.1 de esta ley, previa audiencia de la persona interesada y mediando resolución motivada». En el proyecto de ley que, modificado el texto inicial, se está tramitando en el Congreso de los Diputados, se elimina esta posibilidad.

También, se preveía que una evaluación del desempeño negativa afectaría al denominado «complemento de desempeño» que, al final, se eliminó y, tan solo, afectará a «retribuciones complementarias de carácter variable».

Como se observa, se ha ido descafeinando la propuesta inicial, se ha evitado que afecte a la inamovilidad del puesto del funcionario y se ha limitado su afectación al salario. Con la última redacción, que, como todas, puede sufrir modificaciones, solo afectará a las retribuciones variables. Salvo en el caso de los inspectores de Hacienda, los de Trabajo y otros cuerpos superiores de la administración, estas retribuciones variables no existen o tienen un peso marginal en la cuantía total de la retribución.

El sistema tampoco atiende a la diversidad generacional que se producirá en la administración. Van a convivir generaciones en las que los empleados más antiguos cobrarán más, por el mayor peso de la antigüedad en el salario, que van a ser dirigidas por empleados más jóvenes y con salarios más bajos por tener menos antigüedad (situación que el sistema de evaluación de desempeño no resuelve). Lo anterior va a suponer que, en algunos casos, estos nuevos empleados con mejor preparación y motivación no quieran promocionar.

También se advierte una tendencia uniformadora alejándose de la conexión directa que debe tener la evaluación del desempeño con los objetivos y la planificación y prioridades estratégicas que se den en cada momento. Para que la evaluación del desempeño de los empleados públicos suponga un cambio, frente a la tan denostada burocratización de los funcionarios, es preciso que despliegue sus efectos sobre: 1) las retribuciones, 2) la remoción del puesto de trabajo (no es necesario que se pierda la condición de empleado público, pero sí del puesto de trabajo en concreto que se esté ocupando) y 3) que conlleve la obligación de realizar la formación necesaria.

También es preciso que, una vez finalizada la evaluación del desempeño, con independencia del método escogido, cada responsable realice informes individuales y entrevistas con los empleados públicos de su equipo con propuestas de acción y formación. No es posible diluir los resultados de las evaluaciones en meras resoluciones administrativas sin la implicación de los gestores de personas. Si queremos ser una administración del siglo XXI, los comportamientos de los gestores y empleados públicos deben ser similares a los del sector privado en el que la dirección de personas es estratégica.

Considerando la convivencia de diferentes generaciones en la administración, la evolución del desempeño debe ser el instrumento para adaptar la formación de los empleados públicos a las características de cada generación. Esta formación debe atender a las carencias y mejoras que deriven de la evaluación individualizada de cada empleado. Las fórmulas colaborativas de trabajo, el uso de herramientas digitales, la accesibilidad *online* de los ciudadanos, son habilidades que las nuevas generaciones incorporarán a la administración y para las que las generaciones mayores tendrán que formarse. En cambio, las generaciones que se incorporen deberán asumir valores y algunos conocimientos técnicos mediante la formación *ad hoc* que supla, en su caso, las posibles carencias de los sistemas de selección.

Un sistema de evaluación del desempeño eficaz persigue el desarrollo de los empleados, el conocimiento de los objetivos por alcanzar, lo que sus superiores esperan de ellos, lo que ellos demandan para mejorar en su trabajo y, por último, un conocimiento de estos de la opinión formal de sus superiores sobre la labor realizada.

El no reconocer el buen desempeño es un caldo de cultivo para que los empleados más comprometidos, eficaces y capaces tiendan a alcanzar cada vez resultados más mediocres, al no percibir que su esfuerzo implica diferencia alguna con aquellos otros que no alcanzan los objetivos pero que son tratados exactamente igual.

El argumento falaz de que los funcionarios son un colectivo altamente capacitado y comprometido es tan absurdo como decir lo propio de los abogados, los fontaneros o los peritos agrónomos. Todo colectivo está conformado por personalidades y generaciones diversas y no cumplir la obligación de los gestores públicos de mejorar el rendimiento del personal a su cargo, con el razonamiento del compromiso individual es injusto, tanto para los propios empleados públicos como para los administrados, que son los beneficiarios de una administración eficaz.

Las competencias en la dirección de personas como el liderazgo, la motivación, la proactividad, la comunicación o la empatía no pueden ser ajenas a los gestores de personal de los empleados públicos y, por tanto, se les debe hacer partícipes de los resultados de la evaluación del desempeño.

Finalmente, desde una perspectiva colectiva, es necesario abordar los resultados de la evaluación del desempeño en la organización que deben permitir identificar los ámbitos de mejora. Debemos recordar que, en última instancia, el objetivo es prestar un mejor servicio público, más ágil, eficiente y eficaz.

Parte 2

EXPERIENCIA
E IMPERICIA

7. Talento sénior, talento joven

Enrique Arce
Director de Soluciones de Consultoría en Retribución y Beneficios en Compensa en Howden y patrono de la Fundación Diversidad

Me llamo Enrique Arce y soy *baby boom*. No sé si he tenido o tengo talento, pero de lo que estoy seguro es de que soy mayor, lo que significa que fui joven. Por ser psicólogo y atrevido y por haber vivido la vida empresarial durante de más de 35 años, me animo a decir que el talento no tiene edad.

1. Sabiduría y genio

Aunque la diversidad se manifieste en primera instancia por sus formas demográficas e identitarias, su valor reside en la diversidad cognitiva, es decir, en las distintas formas de pensar. El productor de pensamiento es el cerebro, el gran jefe. En este capítulo vamos a ver algunas claves para entender que la producción cognitiva no es ni peor ni mejor en una etapa de la vida que en otra; simplemente es distinta.

Einstein formuló la teoría de la relatividad con 26 años; Mozart compuso sus grandes obras en la veintena; Miguel Ángel acabó la Capilla Sixtina con 32 años; Steve Jobs fue portada de *Time* con 27 años; Bill Gates tenía 26 años cuando IBM introdujo MS-DOS en sus computadoras y Sam Altman, el creador de ChatGPT, nacido en 1985, fue nombrado uno de los «mejores jóvenes emprendedores en tecnología» por *Businessweek* con 23 años. De jóvenes todos fueron genios.

Con los años, la producción científica de Einstein fue más bien escasa y sus aportaciones a los 61 años resultaron más sociales y políticas. Miguel Ángel finalizó la Basílica de San Pedro del Vaticano, que había concebido otro arquitecto, con 72 años. Gates actualmente pone su talento (y su fortuna) al servicio de obras filantrópicas y crea opinión con sus ideas. Mozart no llegó a mayor y Jobs nos dejó demasiado pronto. De mayores fueron sabios.

Sea en la ciencia, en las artes, en la economía o en las relaciones humanas, el talento y la creatividad son actividades producto de nuestro cerebro que se ponen en marcha para resolver problemas e innovar. Como dice Rita Levi-Montalcini[1], en la ciencia todo se moviliza por el afán de descubrir leyes que existen en el mundo independientemente de nuestra existencia y a nuestro pesar; en las artes lo producido es interpretación de lo que nos rodea y existe por la intervención activa del ser humano. Pero lo importante es que en ambos casos la creatividad y el talento se manifiestan de forma distinta según la edad y el desarrollo cerebral.

La ciencia nos explica, y todos podemos observar, que el talento en las edades más jóvenes (hasta los 35 años) es sobre todo creatividad. Con la madurez, la genialidad decae década tras década y en la edad senil, aunque puede cobrar nuevos bríos, se manifiesta de otros modos. Al genio se le busca para saber cómo son las cosas; al sabio, para saber cómo actuar ante las cosas[2].

2. Madurar es renovar

Los últimos descubrimientos sobre el cerebro han revelado que el desarrollo cerebral sigue unas pautas que hacen que la producción cognitiva de una persona joven y una mayor sean distintas.

Hasta los treinta años el cerebro investiga, ensaya y aprende, crea y resuelve analíticamente. En estos años el cerebro aprende y acumula información como lo haría una base de datos y crea algoritmos para la resolución de problemas. Cattell llamaba a esto *inteligencias fluidas* porque se adaptan rápido, cambian, se sustituyen y son de gran utilidad en el pensamiento lógico. Este tipo de rendimiento cognitivo es el que miden los test de razonamiento libres de sesgos culturales. Su versatilidad resulta de la gran neuroplasticidad del cerebro, capaz de producciones geniales y que podría corresponderse con el conocimiento explícito porque las ideas generadas pueden almacenarse en bases de datos.

En la madurez, cuando se ha completado el desarrollo del sistema nervioso y se estabiliza, el cerebro empieza a convertir lo aprendido en conocimiento tácito, ese que no se enseña en la escuela o la universidad y que constituye el fondo de comercio del mayor. Cattell llamaba a esta forma de pensar *inteligencias cristalizadas* porque los procesos de pensamiento sufren menos cambios y están muy afectados por factores culturales.

Esta diferenciación es observable a lo largo de la vida de una persona y puede ponerse en relación con la contribución al valor de una empresa. El siguiente gráfico es una representación ideada de cómo evolucionan las dos formas de inteligencia de Cattell y su importancia en cada etapa de la vida profesional:

Gráfico 7.1 Evolución estimada de dos tipos de inteligencias: cristalizadas y fluidas

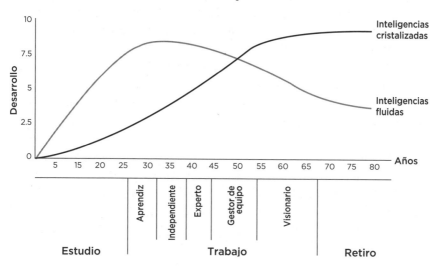

101

El período desde el nacimiento hasta los treinta años (etapa educativa) coincide con el desarrollo y la maduración cerebral y del sistema nervioso. Las conexiones que conectan los lóbulos frontales con el resto del cerebro y que permiten la toma de decisiones comienzan a consolidarse hacia los 18 años (edad de votar, de conducir, etc.) y alcanzan su desarrollo operativo en torno a los 30-32 años. Esta maduración tiene que ver con la mielinización de los axones y dendritas y ocurre cuando se desarrollan las inteligencias fluidas a más velocidad que las cristalizadas y surgen las genialidades (Einstein, Mozart, Jobs, etc.).

Los primeros años en la empresa, entre los 27 y 32 años, son de aprendiz, júnior, novel, etc. Corresponde a la etapa en la que más información se absorbe y cuando más se aprende. En el ámbito laboral se depende en todo de los demás, las tareas con poco contenido cultural (programación) se manejan con destreza y aquellas con gran carga emocional y social (vender y dirigir equipos) avanzan sin freno. El talento se aprecia como potencial.

De los 35 a los cuarenta años la aportación de valor de la persona es ya independiente. Se ocupa con gran autonomía de ciertas parcelas de responsabilidad. Su abanico de habilidades crece. Dispone, propone, decide, aporta y deja ver su futuro. El talento ya es un hecho y merece una apuesta clara.

El experto o experta suele aparecer con 35 o más años y suele llegar hasta los 45. La persona es referencia en una materia. Escribe procedimientos, enseña y forma a otras. Reconoce de forma clara el contexto, maneja las consecuencias y estima el efecto de sus decisiones sobre el negocio y la cultura. El talento creativo está en su máximo.

A los 45-50 años se espera que la persona ya dirija equipos y su aportación venga precisamente por su liderazgo. Las curvas de las inteligencias fluidas y cristalizadas se cruzan. Las habilidades de relación (convencer, negociar y dirigir) que descansan en las inteligencias cristalizadas son la clave del éxito. El talento es inteligencia emocional.

La capacidad de visionar escenarios complejos y anticipar sucesos basados en la experiencia son cualidades visionarias a partir de los 55. Se anticipan negocios y mercados y las relaciones son al más alto nivel. Se manifiesta la sabiduría por haber acertado y fracasado en muchas decisiones.

Entiéndase que esta explicación no describe a cada persona individual, sino en términos generales. Ser mayor es sinónimo de haber vivido mucho, no de ser sabio ni perfecto.

3. Tú el hemisferio derecho y yo el izquierdo

Esta dualidad en la forma de funcionamiento del cerebro parece importante para distinguir actitudes y aptitudes entre mayores y jóvenes. Siempre se había pensado que el hemisferio izquierdo (HI) del cerebro era el encargado del lenguaje y de los procesos de pensamiento con contenido verbal y por tanto el dominante, y que el hemisferio derecho (HD) era el responsable de los procesos mentales sin contenido lingüístico, es decir, el reconocimiento facial y de las cosas, la apreciación de la música, etc. Sin embargo, las técnicas de neuroimagen (que permiten ver el cerebro en acción) que usa la neuropsicología están demostrando que la clave de la diferenciación cerebral radica en el *aprendizaje,* entendido este como la capacidad para dominar el entorno, pero no de forma súbita, pues solo la experiencia y la acumulación de recursos adaptativos lo logra.

El HI es el depositario del lenguaje, pero este no es solamente comunicación, sino una gran herramienta de conceptualización (ponemos nombre a todo lo que pensamos). Sin el lenguaje no podríamos comprender la complejidad del mundo. Los animales, siendo capaces de desentrañar la información no verbal de un gesto, una postura o el tono de voz de su amo, no pueden entender el mundo. El ser humano reúne ambas capacidades: la de interpretar la información no verbal (analógica) y la de asociarla a la información verbal (digital) para hacer más comprensivo lo que nos rodea.

Por su parte el HD se ocupa de lo nuevo, se detiene en los detalles y ve los acontecimientos sin tantos prejuicios, sin teorías. Es minucioso y extrae conclusiones de una forma inconsciente, automática. Es más creativo y está más relacionado con lo controvertido y con la búsqueda de la novedad.

Una de las más interesantes peculiaridades del HI consiste en que es el gran repositorio de la experiencia. A lo largo de la vida vamos comprendiendo las relaciones de causa-efecto entre acontecimientos seamos protagonistas o no. La comprensión conduce al aprendizaje y este se acumula en forma de lo que llaman los neuropsicólogos *atractores* o *patrones de reconocimiento*[3]. Se trata de constelaciones concretas de neuronas ligadas entre sí por conexiones que se fortalecen con la repetición y que luego serán activadas por impresiones sensoriales. Con la práctica y el uso repetido de una tarea o actividad, los atractores se expanden a otras neuronas y se suman a la habilidad (por ejemplo, la de los ciegos para leer con los dedos). La expansión de los atractores los hace más fuertes y resulta una forma de protegerse ante la pérdida o el deterioro neuronal, como en el alzhéimer.

Tras una experiencia y su repetición, la huella dejada es activada por un estímulo independientemente del hemisferio, pero con el paso del tiempo estos patrones de reconocimiento se acumulan más en el HI que en el HD gracias a la dopamina, un neurotransmisor que suele aparecer en mayores concentraciones en el HI y que facilita el trasvase. La percepción de patrones aumenta cuando lo hace la concentración de dopamina en el cerebro. Parece haber más dopamina en el HI y, cuanta más hay, más se favorece el reconocimiento de patrones.

Siendo jóvenes, cuando exploramos y vamos avanzando en la comprensión del mundo, el protagonismo parece tenerlo en HD, pero a medida que nos vamos haciendo mayores el control cognitivo del cerebro pasa al HI, que es donde se acumulan el mayor número de atractores y el que se encargará de reconocerlos, interpretarlos y ponerles narrativa, es decir, usará el lenguaje para poder contarlo. Si de joven, hasta los 35 años, es el HD el que gobierna las decisiones, con la madurez ese gobierno pasa al HI, que es el que decide basándose más en la experiencia. Un hecho que añade convencimiento a esto es que una lesión en el HD a los veinte años es más devastadora que a los 55 porque interrumpe el aprendizaje y el desarrollo natural; una lesión en el HI a los 55 años resulta demoledora sobre el almacén de lo aprendido.

Con el paso del tiempo, el complejo proceso de resolución de problemas y la toma de decisiones se vuelve más sencillo gracias al reconocimiento de patrones. Con esta habilidad el cerebro reconoce rápidamente la información porque en él ya hay una huella. Con la edad vamos acumulando atractores, con los que respondemos de forma rápida y sin tanto gasto de energía. Resulta interesante que, con esta forma de resolver problemas, el coste de hacerlo es bajo porque el consumo de recursos neuronales resulta moderado. Nos hace sabios la capacidad de reconocer patrones.

El reconocimiento de patrones actúa como algo parecido a: ¿en qué medida lo que veo se parece a lo que ya he visto? Muchos atractores ya están programados para ser usados al poco de nacer (sabiduría filética), pero otros los vamos conformando como individuos a lo largo de nuestra vida (sabiduría ontogenética).

Lo que entendemos como *sabiduría* bien puede ser la capacidad de reconocimiento de patrones que los mayores acumulan en mayor número que los jóvenes y que tiene más protagonismo en la vida a medida que cumplimos años. Otras veces lo llamamos *intuición*.

William James, profesor de psicología en Harvard en el siglo XIX, decía: «Si los jóvenes supieran lo pronto que se convertirán en meros manojos de hábitos [atractores], prestarían más atención a su conducta mientras todavía tienen plasticidad». Creo que si ahora viviera estaría de acuerdo con que el sabio cuenta con un gran número de atractores y el tiempo y la práctica lo dotan de recursos cognitivos que le permiten la toma de decisiones de forma más intuitiva, quizás menos reflexiva, más rápida, pero también muy útil.

4. Intuición y transgresión

La *intuición* puede definirse como el «saber sin saber». Es el reconocimiento de algo sin ser consciente de ese algo. Esto no encierra magia alguna. Este reconocimiento opera de forma automática gracias a una forma de funcionar del cerebro que Daniel Kahneman[4] llama Sistema 1 y que contrapone al Sistema 2.

El Sistema 1 es una forma de funcionamiento del cerebro que actúa inconscientemente. Es rápido, instantáneo y automático. Resulta muy valioso como instrumento adaptativo. La evolución lo ha ido perfeccionando para que con poco gasto energético y una rápida valoración de la situación podamos responder al entorno con garantías de supervivencia. Es el responsable del pensamiento intuitivo.

La otra forma en la que el cerebro actúa es el Sistema 2, que se detiene a analizar la situación, a calcular, a estimar, etc. Es racional y gracias a él tomamos decisiones deliberadas. El material con el que trabaja requiere atención y concentración.

El Sistema 1 no es capaz de poner nombre a lo que está pasando, es espontáneo. Para intuir algo y predecir un suceso, se necesitan regularidades estables en el entorno. Las personas mayores, por haber estado expuestas a la misma tarea repetidas veces, son más capaces que los jóvenes de intuir lo que puede pasar. Una cocinera que ha elaborado un plato centenares de veces es más capaz de advertir si el guiso será peor o mejor que otras veces simplemente observando la calidad de los ingredientes, la potencia del fuego o el tiempo de cocción. Que no nos extrañen las recetas imprecisas de nuestras madres.

Dice la paradoja de Polanyi que «sabemos tanto que somos incapaces de contarlo, de explicarlo». La cocinera también sabe tanto que es incapaz de contarlo. Su saber es fruto de la experiencia y la calidad de lo que hace es más intuición que análisis. Abordamos la realidad con más intuición que detalle. Nuestros análisis son más naturales que de laboratorio. Así, cuando abordamos una tarea, ponemos en marcha nuestra intuición seleccionando unos pocos datos. Las diferencias cognitivas están en las diferencias intuitivas.

El HI, además de contener el mayor número de atractores, es el hemisferio más conservador, menos aventurero, mientras que el HD es más creativo y está más relacionado con lo controvertido. El HD es el del joven, y su mayor actividad cuando el HI está inactivo conduce a una acuciante inquietud por cambiar las cosas. La combinación de inquietud y oleadas de energía da lugar a la creatividad. Una persona joven debe ser transgresora («para ser demócrata a los cuarenta hay que ser anarquista a los veinte», decía una frase popular en la década de 1980), cuestionar, ser osada, rebelde, inquieta y descontenta. Siempre ha sido así y siempre lo será; lo contrario es mediocridad. Sin embargo, la persona mayor debe ser cauta, prudente y buena coleccionista de atractores. Por eso en Japón dicen que cuando un mayor muere, se destruye una biblioteca.

El pensamiento intuitivo, la cognición rápida, mira la situación de forma holística, no la trocea para analizarla. Encuentra la relación entre las partes, no mira las partes para sumarlas, porque si se descompone una cosa, pierde su significado. El exceso de información es ruido. La intuición lo que hace es separar este de los datos significativos y evita que el exceso de información contamine porque no supone gran ventaja; incluso en ocasiones es tan inútil, que confunde, entorpece y provoca malas decisiones.

Pero la intuición desde luego no es infalible. Un mayor no es infalible por ser mayor ni es más sabio por haber vivido mucho. No deberíamos creer cualquier cosa que nos llega a la mente, al Sistema 1. Para que sean útiles nuestras intuiciones, deberíamos someterlas a la lógica, al Sistema 2. Si el mayor piensa junto al joven, sin tantos atractores, es más probable que entre ambos alcancen una mejor decisión. Al fin y al cabo, la creatividad, la genialidad, es mirar donde todos miran y ver lo que nadie ve, y esto es cosa más habitual en el joven.

5. Cuatro formas de talento

Genio y sabiduría son dos formas admirables de resolver problemas, pero mientras la primera es la habilidad para crear contenido nuevo, no existente, la segunda consiste en la destreza para relacionar lo viejo con lo nuevo y encontrar similitudes. La sabiduría, que se reconoce como *expertise,* supone una profunda comprensión de la naturaleza de las cosas y un profundo entendimiento de las relaciones. Si la genialidad se manifiesta por pensamientos originales creados a partir de poco o nada, la sabiduría lo hace sintetizando. La sabiduría es poder preceptivo y el genio es poder proyectivo. Al sabio no se le pregunta «¿qué es?», sino «¿cómo lo hacemos» (Goldberg).

Esta distinción sugiere que el cerebro maneja de forma diferente la información según la edad. Si es cierto que con el tiempo el centro de gravedad cognitivo pasa del HD al HI, la genialidad podría ser más propia de las personas jóvenes y la sabiduría de las mayores. Si la juventud es un período de locura y aventura, la madurez es de prudencia y consejo. El ejemplo del joven brillante que más se cita es Mozart, quien en la madurez no produjo con tanta genialidad; el ejemplo del maduro brillante es Tolstoi. Parece razonable pensar que de joven se puede ser genio, pero de mayor se puede ser sabio. Nos atrevemos a decir que Cervantes no hubiera podido escribir el *Quijote* con treinta años y sí pudo hacerlo con sesenta cuando volcó toda su sabiduría.

De alguna manera, cada persona tiene algo de sabia y de genio, y lo manifestamos según dispongamos de soluciones conocidas o no y según nos enfrentemos a problemas frecuentes o no.

Gráfico 7.2 Cuatro formas de talento

	Solución conocida	Solución novedosa
Problema no frecuente	**Sabiduría** Situaciones conocidas de aparición escasa. Fusiones y adquisiciones	**Genio** Situaciones nuevas de aparición escasa. Innovación disruptiva
Problema frecuente	**Pericia/competencia** Situaciones conocidas de aparición frecuente. Gestión de equipos	**Talento** Situaciones nuevas que aparecen con frecuencia. Errores de programación

La hermana pequeña de la sabiduría es la pericia y el hermano pequeño del genio es el talento, y cada uno se manifiesta de acuerdo con la naturaleza del problema.

Hallamos un desafío donde la sabiduría es un valor claro en una fusión de empresas. Se trata de una situación poco frecuente para la que una persona con experiencia tendrá preparada una solución. Ante una fusión, son tantos los aspectos que hay que considerar, que el conocimiento más valioso probablemente no esté documentado, por lo que el conocimiento tácito tendrá más valor que el explícito. Se suele tener documentado qué es lo que hay que hacer, pero en muchas ocasiones falta el cómo hay que hacerlo.

La disrupción tecnológica resulta propia de la genialidad y no parece ser el mejor escenario para la persona mayor. Probablemente WhatsApp o Facebook no los hubieran diseñado personas mayores. Gates y Jobs son dos claros ejemplos de genialidad. Las ideas que tuvieron eran muy poco frecuentes y no había antecedentes, pero alteraron el orden de las cosas.

Ante problemas frecuentes, si hay experiencia y las soluciones son bien conocidas, lo que se requiere es pericia, es decir, la competencia probada de forma constante sobre algo. La dirección de equipos constituye un reto diario del que se sale con éxito si se tiene experiencia. Los grandes líderes generalmente han sido personas de edad, creíbles, porque han sabido reconocer todos los matices de las relaciones humanas.

Por último, reservamos el término *talento* para esas situaciones en las que el joven sorprende por su capacidad para resolver errores de programación, sacar el máximo partido a un dispositivo nuevo, etc., es decir, para tareas de aparición frecuente que requieren soluciones nuevas. Es el talento del que siempre se habla, pero que quedaría huérfano sin los demás.

Al genio se lo busca para saber cómo son las cosas porque lo suyo es conocimiento descriptivo; al sabio se lo busca para saber cómo actuar porque su conocimiento es preceptivo. Por tanto, sea bienvenido el cambio de gravedad cognitiva que convierte al genio en sabio y el talento en competencia, pero aún más valioso es poner a trabajar a los cuatro mundos.

8. La segunda carrera del directivo

Alfonso Jiménez
Partner de la práctica de *board services* en Exec Avenue, miembro del consejo asesor de Atrevia, fundador de Recruiting Erasmus y vocal de la Junta Directiva Nacional de la AED

1. Las etapas de la carrera profesional

La carrera profesional es un proceso evolutivo que tiene sus etapas. La primera es la de formación, en la que el joven se forma para desempeñar un trabajo que aporte valor a través de una actividad en el mercado. Esta etapa se extiende durante muchos años y su propósito es adquirir conocimientos, tanto genéricos como especializados.

A esa etapa le sigue una muy importante, que es la de los primeros pasos de acceso al mercado laboral, los primeros empleos. Hay entornos —no en nuestro caso— donde los jóvenes entran en contacto con el mercado laboral de manera muy temprana, a través de programas de prácticas en la educación secundaria y, por supuesto, mientras se estudian grados de formación profesional o titulaciones superiores. Actualmente, el sistema educativo está tratando de incrementar las opciones de prácticas de muchas titulaciones, pero en general esta etapa está definida por las primeras experiencias laborales. En esta etapa de primeros empleos y primeros jefes, se forman algunos valores que acompañarán al profesional en toda su carrera. Por eso suelo aconsejar a los jóvenes tomar una decisión meditada de estas primeras experiencias.

Una vez pasada esta etapa iniciática de la carrera, viene otra de desarrollo, en la que el profesional adquiere nuevos conocimientos, pero también diversas experiencias. Vive fusiones, adquisiciones, reestructuraciones, cambios, implantaciones, etc. En esta etapa es importante permanecer en proyectos empresariales que desarrollen sus capacidades y, sobre todo, que le permita tener variadas y valiosas experiencias profesionales.

En función de su capacidad de desarrollo, solo algunos podrán pasar a la siguiente etapa, la de convertirse en directivos. A partir de ese momento, será el profesional quien marque las tareas y actividades que otros ejecutarán. En la mayor parte de los casos, no se habrá formado para desempeñar esta función directiva. Su responsabilidad consistirá en construir equipos de alto rendimiento, desarrollar a otros, desvincular a elementos tóxicos y, finalmente, lograr resultados a través del desempeño de otros profesionales. En esta etapa tendrá que trabajar intensamente, ser un ejemplo como persona y profesional, colaborar o establecer la estrategia y tener capacidad de implantación, pero sobre todo deberá dedicar gran parte de su agenda a la gestión de las personas y los equipos y seguir creciendo en la estructura directiva de su empresa o de otras, porque tendrá múltiples llamadas del sector del *executive search* que le tentarán periódicamente con propuestas de cambio, siendo estas llamadas una medida de su valor en el mercado.

2. La desvinculación: el gran cambio

Pero todo directivo tiene que saber que, por mucho éxito o poder que tenga, algún día dejará de serlo, sea por razones personales o, más frecuentemente, porque alguien considerará que otro profesional lo puede hacer mejor.

La mayoría de los directivos —y he conocido a miles durante mis 34 años de carrera profesional como consultor de empresas— no piensan en qué van a hacer cuando llegue ese momento. Si sucede antes de los cincuenta años, le resultará fácil encontrar un nuevo proyecto empresarial, pero si tiene más años, es posible que ya no tenga opciones de que alguien le ofrezca un proyecto empresarial.

Y así, un día, tarde o temprano, nadie le ofrecerá un proyecto. Y cuando esto acontezca, descubrirá que muchas de las cosas que conformaban su experiencia vital desaparecen y muchos beneficios, relaciones, etc., que no apreciaba cuando ejercía la función directiva, o a los que no prestaba atención, simplemente desaparecen porque no eran consustanciales a la persona, al profesional, sino al cargo que ostentaba como directivo.

Y en ese momento iniciará un proceso, más o menos largo, de adaptarse a la nueva situación: la de ser un profesional que ha sido directivo pero que ya no lo es.

3. El día después

Lo primero que debe aclarar es si se quiere retirar de la actividad o necesita o desea seguir activo en el mercado. Hay profesionales que no necesitan seguir teniendo recursos financieros porque sus ingresos le han permitido acumular un patrimonio razonable, pero otros sí necesitan seguir teniendo rentas derivadas de su actividad profesional.

Hasta hace unos años los planes de prejubilación de muchas compañías eran muy generosos y permitían que los directivos pasaran a la inactividad muchas veces de manera muy temprana, incluso con menos de 55 años, pero actualmente estos planes ya no son lo que eran y muchos de ellos llegan a la conclusión de que tienen que seguir activos, a veces durante muchos años, hasta alcanzar la edad de jubilación y rescatar sus planes de pensiones individuales o corporativos.

Muchos profesionales que han sido directivos dejan la actividad porque su situación financiera se lo permite, pero suele producirse un fuerte deterioro físico, cognitivo y social, descrito en numerosos artículos de salud y bienestar que demuestran que la actividad profesional es el mejor remedio para evitar ese proceso de deterioro. Es impresionante ver en qué poco tiempo este deterioro, que se manifiesta incluso en la imagen personal, puede hacerse visible. Hay profesionales que han llegado a ser grandes directivos, que han manejado grandes negocios y que han liderado grandes equipos y a los que, tras dos años de inactividad, apenas se les reconoce.

En cualquier caso, tanto si es por necesidad de ingresos como por evitar el deterioro físico, cognitivo y social, si decide seguir activo, lo primero que tratará es de conseguir un nuevo proyecto como directivo, similar al que tenía anteriormente.

A veces ese proceso de búsqueda, *mendigando* una reunión con un *headhunter* o con un antiguo cliente o proveedor, suele durar más de lo deseado. Malgasta un tiempo muy valioso porque ya no le queda mucho de vida útil, hasta que un día se convence de que nadie le va a contratar por cuenta ajena. Es muy mayor para muchos proyectos. Y es que nuestro país sufre una importante lacra de edadismo que expulsa muy tempranamente a directivos y profesionales del mercado y les cierra las puertas. A partir de los cincuenta años es complicado ser contratado por cuenta ajena, y a partir de los 55, no imposible, pero sí muy difícil, y tienen que darse una serie de circunstancias muy concretas. Además, muchas veces los proyectos son aquellos que el mercado no quiere, lo que tiene sus complicaciones.

Entonces ese profesional o directivo es consciente de que ha entrado en una nueva etapa de su vida, la que los estadounidenses han bautizado como *segunda carrera,* que miles de profesionales y directivos disfrutan en el período que va de los 55 a los 65 o setenta años.

4. Trabajar a partir de los 55: la segunda carrera

El primer paso de esa segunda carrera debe ser hacer un autodiagnóstico riguroso del valor que puede aportar como profesional basándose en cuatro factores: los conocimientos, las experiencias, la marca personal y las relaciones, además de un análisis patrimonial que le permita clarificar si entre las opciones de actividad se contempla la de inversor, así como las necesidades de ingresos que requiere.

Los conocimientos diferenciales tienen que ver con lo que sabe y puede aportar a un proyecto. Cada profesional entra en la segunda carrera con un conjunto de conocimientos acumulados durante su carrera como profesional y directivo. Sin embargo, muchos son muy comunes y solo es experto en una determinada materia.

Las experiencias son las situaciones empresariales que ha vivido. Cada profesional y directivo, en función de los proyectos en los que ha participado, acumula un conjunto de experiencias propias: unos han vivido situaciones de *startup,* reestructuraciones, fusiones, adquisiciones o internacionalizaciones; otros conocen las empresas familiares, y otros las grandes corporaciones. No hay dos directivos con las mismas experiencias, y estas, son también activos que pueden poner al servicio de nuevos proyectos.

Durante su vida ejecutiva el directivo ha ido construyendo una marca personal que se traduce en mayor o menor notoriedad (cuántos le conocen en el mercado) y reputación (con qué valores se le relaciona). Igualmente, la marca personal puede ser un factor facilitador de nuevos proyectos o todo lo contrario.

Finalmente, cuando un directivo entra en su segunda carrera, tiene una red de contactos, gente que conoce, clientes, proveedores, jefes que tuvo, empleados que hoy son directivos en otros proyectos, inversores, conocidos de asociaciones, etc. También debe entender que su red de contactos es un activo que puede poner en valor en su segunda carrera. En este momento, deberá hacer un diagnóstico pragmático del auténtico valor de su red y tendrá que descartar a todos los que se relacionaban con el rol que desempeñaba en el pasado pero que no sustentaban relaciones auténticas.

Una cuestión importante es ser consciente de que todos estos elementos (conocimientos diferenciales, experiencias, marca personal y relaciones de calidad) son los que son y tiene que venderlos y mantenerlos, no tanto desarrollarlos, porque ya no cuenta con la ayuda del rol directivo para hacerlos crecer.

Tras esa tarea del autodiagnóstico tendrá que entender todas las opciones que existen en el mercado: unas más ejecutivas y parecidas a lo que fue su pasado, pero bajo otros modelos de relación (como es el caso del *interim management*) y otras que le permitirán seguir activo, aportando valor al mercado.

La segunda carrera, que en la mayor parte de los casos implica un cambio de régimen en la Seguridad Social, puede tomar diversas formas de aportación de valor, como:

- **Emprendedor.** Nunca es tarde para poner en marcha un negocio. Muchos profesionales a lo largo de su vida laboral han tenido una idea que no se atrevieron a poner en marcha. Estaban cómodos bajo una contratación laboral indefinida que les tuvo atrapados hasta que salieron de la empresa empleadora. Ahora puede ser un buen momento para iniciar el camino del emprendimiento.

- **Prestador de servicios a una o varias sociedades (*freelance*).** Esta fórmula cada día está más extendida, con ventajas para las empresas y también para los profesionales: para las primeras supone una vía de adecuación de los servicios a las necesidades del negocio al obtener para cada proyecto las capacidades que se necesitan sin compromiso de futuro; para los profesionales, desarrollar una actividad para la que están preparados en un entorno de máxima flexibilidad en términos de directrices, horarios, lugares de trabajo, etc. Hay profesionales de este tipo que son nativos de la cuenta propia (por ejemplo, traductores, maquetadores o diseñadores), pero la fórmula se está extendiendo a otras actividades. En el caso de los recién llegados al mundo de las relaciones mercantiles, implica la identificación de los servicios diferenciales que se pueden ofrecer bajo esta modalidad.

- **Gurú, conferenciante, docente o escritor.** Son otras actividades que se pueden desarrollar por cuenta propia. En este caso el profesional es aún más libre, pues no depende de nadie para generar ingresos. Asimismo, es preciso identificar la serie de conocimientos claramente diferenciales para tener un ingreso económico por ello.

- **Asesor o consultor.** Esta modalidad aplica a muchos profesionales y directivos que descubren una vocación tardía asesorando a otros en sus negocios. Además de poseer unos conocimientos específicos que resulten atractivos al mercado, deben tener una alta capacidad de venta, por lo que sería recomendable para los que han ejercido en algún momento de su carrera en el sector de los servicios profesionales. Muchas veces se minusvalora esta actividad, que es tremendamente compleja, ya que simultáneamente hay que realizar tareas de generación de marca personal, venta de servicios y la propia ejecución de los proyectos contratados, y todo ello en competencia con los diferentes actores de esta industria.

- **Intermediario de oportunidades de negocio.** A partir de los 55 años los profesionales suelen tener una amplia red de contactos, lo que implica que al ser conocedor de posibles oportunidades de negocio puede hacer una labor de intermediación, obtener una comisión por la intermediación. Estas comisiones pueden ser mayores o menores en función de las oportunidades, convirtiéndose el profesional en un intermediario cuyos ingresos serán directamente proporcionales a su capacidad de identificación y concreción de oportunidades de negocio.

5. Participación en consejos de administración y consejos asesores

Finalmente, existe una opción muy natural: participar en consejos de administración y consejos asesores. Se trata de una magnífica opción para la capa más alta de la pirámide del mercado, y resulta especialmente interesante tras la finalización de la función directiva, aunque en algunas ocasiones se pueda solapar con ella.

La participación en un consejo de administración supone mayor asunción de riegos y retribución, mientras que la participación en uno o varios consejos asesores no implica riesgo, pero los ingresos obtenidos son menores.

Fruto de las recomendaciones del buen gobierno corporativo, existe una clara tendencia hacia una mayor profesionalización de los consejos de administración, incorporando a profesionales cada vez más preparados que deben desarrollar competencias y habilidades específicas para desempeñar su función de forma óptima. En una situación de grandes cambios para las empresas, es previsible que en los próximos años se produzca un proceso de renovación en los consejos de administración y resulte necesaria la incorporación de consejeros preparados y cualificados para liderar la transformación de los máximos órganos de gobierno de las compañías, y en este contexto los directivos que han liderado proyectos empresariales son magníficos candidatos.

Sin embargo, deberán desarrollar algunas competencias específicas propias del consejero, como la independencia de criterio, la integridad, el sentido común, la capacidad de influencia o tener una visión global del mundo y de los negocios. Esto implica que no todos los directivos sirven para consejero, ya que es bien diferente la función ejecutiva que la de administración, mucho más responsable y decisora.

Para transitar de directivo a consejero, la primera recomendación es formarse como tal. En España, en estos momentos hay magníficas opciones para ello con buenos programas que forman sobre los órganos de gobierno de las corporaciones, tanto cotizadas, sujetas a un mayor control regulatorio, como no cotizadas, y los diferentes temas clave de un consejo: el marco jurídico mercantil, las finanzas que todo consejero debe conocer, el cumplimento normativo (*compliance*), así como los factores de sostenibilidad de los negocios (factores ESG) o la estructura de las comisiones de los consejos.

Uno de los elementos clave de formación se refiere a las responsabilidades que asumen los consejeros en su función y que, en muchas ocasiones, son desconocidas por los profesionales.

Una formación rigurosa en buen gobierno corporativo es el primer paso y, aunque en nuestro país hay magníficos centros de formación, también existen programas internacionales en buen gobierno que preparan a los futuros consejeros, como los que imparten el Institute of Directors o las principales escuelas de negocios internacionales.

El segundo paso para transitar de directivo a consejero consiste en la búsqueda del primer consejo. En este punto también es peculiar nuestro comportamiento social, ya que la búsqueda de consejeros no se hace a través de firmas especializadas de cazatalentos como en los mercados anglosajones, sino que se acude muy frecuentemente a contactos de confianza. Por ello, el *board seaker* tiene que emplear su tiempo en acercarse a presidentes de compañías de su confianza que tengan consejos de administración o consejos asesores. También es interesante el acercamiento a los secretarios de los consejos, quienes suelen saber la finalización de los períodos de mandato, así como a aquellos profesionales que ya son consejeros.

En estos momentos en España y en el resto de Europa existe una ventana de oportunidad para las mujeres, ya que desde la UE y los reguladores en nuestro país se ha establecido una recomendación de alcanzar un equilibrio mínimo por géneros en los consejos de administración, lo que resulta una magnífica oportunidad para mujeres que han tenido carreras ejecutivas de éxito.

Un elemento importante es preparar adecuadamente una biografía orientada al mundo de los consejos, poniendo en valor todo lo que tiene que ver con la administración de sociedades, por ejemplo, si se han ocupado durante la vida ejecutiva posiciones en consejos asesores o en consejos de administración de las sociedades en las que se ha trabajado o en sociedades filiales y, por supuesto, los programas reputados de formación en buen gobierno corporativo, así como estar familiarizado con los conceptos actuales que en estos momentos forman parte de la conversación de los consejos.

Hasta hace unos años los temas clave de los consejos giraban en torno a los asuntos legales y los financieros. De hecho, la mayor parte de los miembros de consejos tenían estos perfiles. Sin embargo, la complejidad del mundo que nos ha tocado vivir requiere contar con nuevos conocimientos y experiencias para poder hacer un negocio sostenible.

Los nuevos temas son:

- **Digitalización y tecnología.** Estamos viviendo un momento de transformación y todos los proyectos tienen que digitalizarse, lo que implica en muchas ocasiones hacer fuertes inversiones o desinversiones que tienen que ser acertadas.

- **Regulación y cumplimento normativo.** Actualmente, hay una fuerte regulación de los negocios y las empresas deben adaptarse rápidamente a dichos cambios.

- **Reputación y marca.** Antes bastaba con satisfacer a un *stakeholder,* el capital, pero ahora son múltiples los grupos de interés a los que hay que atender y hay que mostrar ante todos que somos una marca de confianza y reputada.

- **Personas y cultura.** El papel de los empleados y la escasez de algunos perfiles profesionales hacen que los temas relacionados con las personas tengan un papel cada vez más importante en los negocios.

En definitiva, desde los consejos, tanto como órgano de gobierno (consejo de administración) como desde los consejos informales (consejos asesores), tenemos que contar con una diversidad de profesionales que nos permitan asegurar que disponemos de los conocimientos y experiencias necesarios para sobrevivir en estos tiempos de transformación social que vivimos.

Por tanto, el *board seeker* tiene que incluir su experiencia en estos conceptos en su biografía profesional, que será su tarjeta de presentación en el mercado y que tiene que generar confianza para ser invitado a la mesa.

España se encuentra sumida en una paradoja: somos un país muy envejecido, con una población sénior muy importante y, al mismo tiempo, también somos un país en el que los profesionales y directivos finalizan tempranamente su carrera. La segunda carrera es una solución para que miles de profesionales y directivos sigan aportando valor a la sociedad a través de la puesta en valor de los activos que han ido acumulando durante toda su carrera.

9. Edad y productividad. Valor aportado y su relación con el salario

Jesús Torres
Director corporativo de Personas en Food Delivery Brands, S. A. (Grupo Telepizza) y presidente de la Asociación Española de Directores de Recursos Humanos

1. La percepción actual de la edad en el mundo laboral

En las últimas investigaciones realizadas, tras la COVID-19, acerca de las grandes preocupaciones de las organizaciones hoy en día, así como en los informes de tendencias en la gestión de personas (*El mundo del trabajo en 2023, una breve panorámica*[1]; *Tendencias de recursos humanos 2023*[2], o *Creating People Advantage*[3]), se destaca como la mayor preocupación, con un crecimiento exponencial respecto a años anteriores, la atracción y fidelización del talento. Estamos en plena guerra del talento debido a la gran dificultad que las compañías tienen de encontrar profesionales competentes en las funciones que son demandadas por las empresas, y por la necesidad de cuidar de ese talento una vez incorporado.

Esto es consecuencia de la evolución generacional que la sociedad ha experimentado. En este sentido, el reciente estudio de la consultora The Josh Bersin Company (*HR Predictions for 2023*[4]) establece como prioridad número uno para los departamentos de recursos humanos la gestión de tres factores: la diversidad, el envejecimiento de las plantillas, y la escasez de personal para contratar.

La generación del *baby boom* (nacidos entre 1955 y 1969) ha sido la más numerosa y mejor preparada para ocupar las posiciones en la revolución tecnológica. Hoy ya están accediendo a la jubilación, pero mientras estaban activos y en el punto máximo de madurez laboral (finales de los 90 y principios de los 2000), no existía en el mercado de trabajo una preocupación real por incorporar al talento. En número y preparación, los profesionales requeridos estaban en el mercado, existía una dura competencia entre ellos mismos para acceder a los mejores puestos y no se percibía en las organizaciones una preocupación por atraer y fidelizar talento.

Sin embargo, la revolución digital, con los nuevos negocios digitales (que rompieron el *statu quo* tradicional basado en sectores primarios y secundarios como motores, y el terciario como canalizador del consumo y el gasto) y diversas crisis económicas (la de finales de los 90 y la de 2008 a 2011), provocaron en las empresas la necesidad de reducir costes frente a la merma de ingresos.

Y en este entorno, unido a un envejecimiento de esos *baby boomers*, y la percepción de que incorporar talento no era complejo, conllevó una filosofía de reducción de costes laborales a través de las prejubilaciones. Esto afectó a esta generación que, por ser la de mayor edad y mayor coste salarial, era la que debía salir del mercado laboral, lográndose con ello reducir costes y dar paso a una era con nuevos jugadores más adaptados a la realidad digital que se estaba implementando en el mercado.

Gráfico 9.1 Principales prioridades en recursos humanos de las empresas en 2023

Total muestra	2021 (A)	2022 (A)	2023 (E)
Gestión del talento/potencial/sucesión/carreras	47	40	43
▼ Salud y bienestar de los trabajadores	45	25	20
Cultura y valores	37	34	33
Liderazgo	37	37	43
Diversidad, igualdad e inclusión	32	23	24
Estructura y diseño organizativo	30	24	16
Experiencia de empleado (*employee experience*)	28	30	34
▲ Adquisición del talento (*talent acquisition*)	27	41	34
▼ Nuevos métodos y herramientas de trabajo	24	15	11
▼ Lugar y espacios de trabajo	21	10	7
Gestión del desempeño/objetivos/evaluaciones	20	23	21
Formación, aprendizaje y empleabilidad	19	19	23
Automatización de procesos, tareas o decisiones	15	22	19
Planificación estratégica de la fuerza de trabajo	13	12	16
▲ *People Analytics*	11	19	18
Restructuraciones y desvinculaciones	11	2	2
Capacidades e impacto del área de RR. HH.	10	4	12
Movilidad interna (asignaciones persona-trabajo)	10	8	9
Onboarding e integración de empleados	10	16	12
Relaciones laborales/negociación colectiva	10	14	7
▲ Retribución, beneficios y recompensas	10	25	21
Tiempo de trabajo	6	4	3
Gobierno corporativo	4	4	4
Marketing y comunicación internos	3	6	5
△ Exploración de las tendencias del entorno	2	2	5

Porcentaje de empresas que incluyen esta cuestión entre sus principales cinco prioridades

Fuente: Future For Work Institute, *El mundo del trabajo en 2023, una breve panorámica.*

Es decir, se implantó en el mercado una percepción, que se convirtió en convencimiento, de que los empleados y profesionales con una edad superior a los 50 o 52 años:

- Disminuían su productividad por la edad. Se decía que a consecuencia del agotamiento de toda una vida laborando en un entorno complejo y con dura competencia intrageneracional.

- Su coste era alto, resultado de cláusulas en convenios colectivos como la de antigüedad, y del propio desarrollo profesional (especialmente, si habían tenido cambios de compañía durante la carrera laboral).

- Su adaptación al nuevo entorno digital era compleja, con costosos procesos de *upskilling* y de *reskilling*.

El convencimiento era que había que invertir en facilitar la salida del mercado de trabajo del colectivo laboral que se encontraba en torno a esa edad y dar paso a la generación X en las posiciones directivas y a las generaciones Y y Z como profesionales y resto de fuerza laboral.

La relativa facilidad legal que existía en dichos años y la aquiescencia de todos los agentes sociales y la Administración Pública, permitieron tomar decisiones de reducción de costes laborales por la vía de la negociación social (expedientes de regulación de empleo), y se pactaron salidas de empleados de las compañías a través de las prejubilaciones. Un método que se ha construido con diversos elementos legales y contributivos para ir desvinculando profesionales con el simple criterio de la edad sin atender a otros motivos organizativos o técnicos (más allá de los legítimos que las empresas esgrimían para afrontar los expedientes de crisis).

Así, fueron numerosas las decisiones tomadas desde grandes corporaciones, y después por otras más pequeñas, de desvincular a empleados con apenas 52 años (con una afectación masiva sobre profesionales entre los 56 y los 60 años), jubilándolos de forma anticipada con unas prestaciones dignas pagadas a golpe de talonario por las empresas y subvencionadas con prestaciones públicas vía INEM y Seguridad Social.

Dejando de lado las consecuencias económicas que este fenómeno provocó en términos de costes sociales para el conjunto de los cotizantes (más cargas fiscales y de Seguridad Social, merma en los salarios, disminución de los niveles de calidad de vida), los cuales se han ido combatiendo con diversos elementos legislativos, lo cierto es que el convencimiento vigente durante tres décadas en los centros de decisión de las compañías es que, a partir de los 52 o 55 años, los profesionales ya son séniores, poco productivos y caros, y por ello debían abandonar la vida laboral activa dentro de la empresa.

En este capítulo pretendo desmontar esta tesis con varios argumentos: 1) no es cierto el argumento preestablecido de que «a partir de determinada edad, la productividad desciende»; sino que es más bien todo lo contrario; 2) el coste salarial del colectivo sénior no es más elevado que el de otros profesionales de menor edad, incluso puede ser inferior; 3) en la tercera década del siglo XXI, en plena guerra por el talento, y con un entorno demográfico de pirámide invertida, que plantea los riesgos de cubrir las necesidades laborales que se van demandando, es un lujo renunciar a toda una generación de profesionales sénior que aportan productividad, experiencia, conocimiento y alta preparación para el desarrollo de funciones laborales y directivas.

2. Productividad y edad: desmontando el mito

Sería el año 2011 cuando un directivo, empleado de una reputada multinacional, me comentó: «He cumplido 53 años y estoy esperando la llamada de Recursos Humanos para ofrecerme mi prejubilación. Pero yo me encuentro en forma, con capacidad para seguir a pleno rendimiento y con resultados al menos 10 años más. Pero esta es la política de la casa: a determinada edad, prejubilación».

Con mis escasos 40 años, y dedicándome a la función directiva de la gestión de las personas, veía razonable el argumento de la empresa: el directivo había alcanzado un punto de edad que implicaba que empezaba a disminuir su productividad. Es más, recordaba que, en los *briefings* con cazatalentos de descripción del perfil del candidato por buscar, aparecía la pregunta con respuesta implícita: «Supongo que buscas un profesional menor de 50 años, ¿no?».

Y me imaginaba a esos profesionales un poco mayores que yo, que veían reducidos sus ingresos, pero mantenían un nivel de vida aceptable, que ni siquiera se planteaban una reincorporación al mercado de trabajo por cuenta ajena: llamar a la puerta de empresas, *headhunters* y otros agentes del mercado de trabajo era una gestión inútil. Como mucho, podrían dedicarse a trabajos autónomos o *freelance*, a la docencia, al asesoramiento externo, y si acaso, quizás pudieran entrar en consejos de administración o consejos asesores. Había una segunda carrera, pero compleja de gestionar, con muchas frustraciones por el camino, un descenso de ingresos y una sensación de que toda una vida de trabajo no podía acabar de esa manera.

Y en este punto, la reflexión era, ¿por qué desde los años 90 se ha instalado una percepción de que a partir de los 52 o 55 años tu productividad empieza a disminuir hasta el punto de tener que dejar tu puesto de trabajo sin posibilidad de reengancharte a la vida laboral?

Mis reflexiones de las circunstancias por las que se ha llegado a esta situación han quedado expuestas en el preámbulo de este capítulo. Sin embargo, cuando se me encomendó su redacción, el planteamiento que me hice fue: ¿por qué tengo que partir de unos hechos determinados en unas circunstancias determinadas? ¿Puedo retar al *statu quo* establecido y desafiar el estereotipo implantado en la sociedad y la empresa? Tenía que buscar argumentos que me permitieran certificar o no la ecuación: a mayor edad, menor productividad.

He encontrado muy poca bibliografía acerca de este tema: la hay acerca de los motivos y las consecuencias de ese convencimiento de que la productividad desciende a una determinada edad, pero muy poca que analizara la causa-raíz si el hecho en sí mismo era real.

Encontré un artículo interesante publicado en Allianz Economic Research[5] en su revista *The View* el 19 de junio de 2019, firmado por Aren Holzhausen (Head of Insurance, Wealth and Trend Research), Caroline Michler (Research Assistant) y Patricia Pelayo Romero (Expert Insurance Markets), y titulado *Aging: a fountain of youth for productivity growth* (*Envejecimiento: una fuente de juventud para el crecimiento de la productividad*).

El artículo analiza el impacto en la productividad de las pirámides demográficas en general y en Europa específicamente. Y se hacen afirmaciones que impactan directamente en la cuestión que intentaba dilucidar: «el determinante clave que afecta directamente la productividad laboral bajo el modelo neoclásico de crecimiento económico es el capital humano, que a su vez se ve afectado por factores como la estructura demográfica, la educación y el clima empresarial. En este contexto, el envejecimiento suele asociarse con un crecimiento más lento de la productividad. El argumento es que a medida que aumenta la prosperidad, las personas pierden interés en correr riesgos para proteger la riqueza que ya han acumulado. Esta creciente aversión al riesgo de una sociedad que envejece podría ralentizar el cambio y la innovación. Por lo tanto, se cree que el envejecimiento de la población amenaza la productividad total de los factores. Sin embargo, el envejecimiento en sí mismo no es un factor determinante del capital humano. Lo que importa es la estructura de edad de la fuerza laboral. Si diferentes cohortes de edad difieren en su productividad, los cambios en la distribución por edades de la fuerza laboral de un país afectarán el producto promedio por trabajador».

El estudio denotaba que efectivamente la curva de productividad ascendía en la franja de edad de los 30 a los 49 años, y que los países donde no se produce un relevo generacional suficiente por parte de los *millennials*, sufrían descensos de productividad. Sin embargo, no entraba a analizar el efecto del envejecimiento en edades superiores: una generación muy numerosa y activa. ¿Qué ocurría con la productividad del colectivo generacionalmente anterior, el de la franja de los 50 a los 60 años? No encontré solución en este artículo.

Y en esto, cayó en mis manos un interesante estudio titulado *El efecto de la edad, la experiencia y la formación en la productividad laboral*[6], que corrobora la idea de que la productividad desciende a partir de los 50 años aproximadamente podía ser falsa.

Partiendo de preguntas como: ¿son los empleados de más edad más o menos productivos?, ¿la experiencia de un trabajador siempre se correlaciona con una mayor productividad?, o ¿son los empleados con más formación más productivos? Los autores realizan un análisis de la realidad social española: aumento de la edad media de los asalariados desde los 36.7 años de 1991 a los 42.3 de 2017; el descenso de la antigüedad en las empresas españolas, de 11.1 años en 1995 a 10 años en 2015; y el incremento de población activa con licenciatura universitaria desde un 12 % en 1992 a un 39 % en 2017.

Lo interesante del estudio de De Sivatte y colaboradores son las conclusiones alcanzadas después de realizar un análisis con una muestra sobre más de 3300 empleados de un banco español. Las conclusiones empíricas son evidentes (*vid.* gráfico 9.2): la edad está relacionada positivamente con el rendimiento, de manera que los empleados de más edad son más productivos y la productividad no disminuye a partir de una edad específica (salvo en empleos de escasa complejidad y cualificación, donde la curva tiene forma de U invertida).

Gráfico 9.2 Efecto de la edad en la productividad del empleado

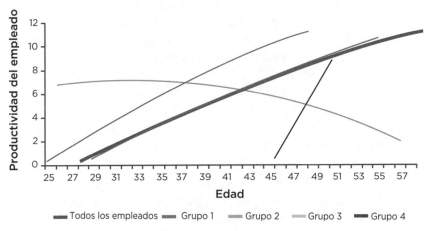

Nota: El análisis se ha realizado sobre todos los empleados (línea más gruesa), Grupo 1 (directores de sucursal), Grupo 2 (interventores y gestores de empresas y particulares de gran patrimonio), Grupo 3 (comerciales que atienden a clientes casuales) y Grupo 4 (cajeros).

Fuente: De Sivatte, I.; Olmos, R.; Simón, C. y Martel, M. (2018). El efecto de la edad, la experiencia y la formación en la productividad laboral. *Cuadernos de Información Económica*: 263.

La conclusión alcanzada por el estudio es contundente y derriba el mito imperante en la empresa española en los últimos 30 años. No es cierto que la edad signifique pérdida de productividad, sino más bien todo lo contrario: esa corriente imperante estaba basada más en necesidades estructurales de reducción de costes y en la facilidad y atractivo que tenía para los agentes sociales ir sacando del mercado laboral (de forma pactada y sin conflicto) al colectivo que menor resistencia iba a poner para ello: el del talento sénior.

Creo que la respuesta a una parte del planteamiento realizado en este capítulo estaba dada: el Valor Aportado a lo largo de la vida profesional no solo debe ser tenido en cuenta por el mérito de los servicios prestados, sino que empleados y empleadas mayores, con formación y una experiencia larga en organizaciones empresariales o en ejercicio profesional, son productivos y aportan valor a la organización en la que están desarrollando su tarea. Su salida de la empresa es una pérdida de valor irreparable, que en muchos casos no deberían permitirse las compañías, no solo porque la productividad sea mayor, sino también por la capacidad de instruir y desarrollar a generaciones más jóvenes; porque el conocimiento adquirido durante años se derrama dentro de la organización y, por último, por la capacidad de seguir aprendiendo en un esfuerzo continuo de actualización en avances tecnológicos que impacta positivamente en la productividad.

En conclusión, a mayor edad (y mayor formación), mayor productividad. ¿Muro derribado, mito destruido? Como veremos a continuación, en la presente década del siglo XX, esto no viene a ser más que una buena y muy necesaria noticia.

3. Edad y salario: la necesaria proporcionalidad con el servicio aportado a la sociedad y las organizaciones durante años

Otra de las consecuencias de la percepción respecto de los empleados séniores es que su coste salarial es mayor como consecuencia de varios factores:

- La existencia y aplicación de las cláusulas de antigüedad en los convenios colectivos, que, aunque han ido desapareciendo en los últimos años, han generado complementos *ad personam* sobre los que se podría concluir que incrementan el coste salarial de los más antiguos.

- En el caso de empleados más cualificados o directivos (el mal denominado «personal fuera de convenio»), los salarios aumentarían con la edad como consecuencia de cambios de empresa durante la carrera profesional. Es normal que, cuando un profesional es fichado por otra compañía, dicho cambio lleve implícito un incremento salarial que motive al mismo.

- Frente a situaciones de IPC muy contenido e incluso negativo durante las dos primeras décadas del siglo XXI, los empleados en activo desde los años noventa sí vivieron una primera década donde los incrementos salariales fueron proporcionalmente mayores. Con una base salarial mayor, ahora deberían estar disfrutando de salarios mayores.

Opino que esta percepción de que, a mayor edad, mayor salario y coste para la empresa, no es correcta. Cualquier experto en Compensación y Beneficios nos dirá que los modelos retributivos, que existen en la actualidad, responden a criterios de equidad interna y competitividad externa, sin que la edad entre en juego para determinar niveles salariales, es decir, que no es un elemento clave en política salarial y dentro de la empresa, no deben existir discriminaciones positivas en temas salariales por razón de la edad.

Es más, estamos viendo como perfiles digitales propios de profesionales muy jóvenes que se especializan en los nuevos puestos de trabajo demandados por las empresas están alcanzando niveles salariales impensables para otros profesionales de 25 a 30 años, superiores incluso a los de directivos séniores.

El análisis de la curva de necesidades de ingresos en función de distintos rangos de edad establece que los empleados más jóvenes no precisan de salarios muy altos (el necesario para independizarse con calidad). La demanda salarial crece de forma constante y progresiva cuando el empleado tiene entre 30 y 50 años como consecuencia no solo de cubrir necesidades económicas personales, sino también familiares y sociales (vivienda, hijos, ocio en familia). Y, a partir de los 50 años, la situación económica suele ser más estable (hijos que se independizan, hipotecas pagadas, etc.), por lo que la demanda salarial se estabiliza igualmente.

Adicionalmente, si se considera que a determinada edad ya no cabe mucho más crecimiento profesional, el incremento salarial se estanca en niveles de IPC o similares: ya no hay saltos salariales por promoción.

Si se considera que el empleado sénior es menos productivo y se decide su salida de las organizaciones forzándole a reformular su carrera profesional y a repensar cómo afrontar los últimos años de vida activa, es fácil concluir que incluso estos profesionales ven caer sus ingresos al tener que reinventarse y enfrentarse a nuevos retos en los que el nivel de ingresos no está garantizado.

Mi conclusión es que, en la generalidad de los casos, el reconocimiento salarial del profesional sénior no guarda proporción con el valor aportado a lo largo de la vida profesional. La lógica nos debería decir que a servicios de valor prestados debería corresponder un reconocimiento de valor económico proporcional. Pero esto, salvo en contadas excepciones, no es la realidad. Tristemente, la curva de ingresos decae o se estabiliza a partir de determinada edad y llega a situaciones dramáticas si se excluye a estos profesionales sénior del mercado laboral.

4. Un nuevo entorno para el talento sénior

Hasta aquí podría tachárseme de pesimista por intentar demostrar que el sénior es más productivo a pesar de que el mercado laboral parece empecinado en pensar lo contrario y los excluye del mercado laboral. Y también porque resulta que el valor aportado a lo largo de la vida profesional no encuentra relación con un nivel salarial que reconozca ese valor, cuando no se reducen como consecuencia de la exclusión laboral. Triste panorama.

Sin embargo, mi percepción compartida con expertos en capital humano y compañeros directivos de recursos humanos es que la situación y la percepción respecto del talento *silver* está cambiando y el mercado está tornando a considerar que este talento aporta valor cuantitativo a las organizaciones.

Tabla 9.1 Resultados nacionales (2023/Q1)

Activos por grupo de edad						
Unidades: Miles Personas						
	2003 T1	2008 T1	2013 T1	2018 T1	2023 T1	Diferencia 20 años
De 16 a 19 años	474	524	274	237	259	-215
De 20 a 24 años	1944	1847	1450	1181	1321	-623
De 25 a 29 años	3062	3159	2492	2102	2130	-933
De 30 a 34 años	2972	3612	3306	2492	2429	-542
De 35 a 39 años	2807	3316	3679	3172	2676	-131
De 40 a 44 años	2499	3079	3372	3558	3264	765
De 45 a 49 años	2075	2663	3129	3256	3532	1456
De 50 a 54 años	1660	2098	2628	2929	3180	1520
De 55 a 59 años	1216	1526	1904	2345	2737	1521
De 60 a 64 años	601	836	925	1209	1714	1113
De 65 a 69 años	83	109	117	144	278	196
70 y más años	29	41	34	46	61	33
Total	19421	22810	23308	22670	23581	4159
Jóvenes	5481	5531	4215	3520	3710	-1771
Maduros	12013	14769	16114	15407	15081	3068
séniores	1928	2511	2979	3744	4790	2862

Fuente: Elaborado por Alfonso Jiménez, socio de Exec Avenue a partir de datos EPA (INE).

El análisis realizado por mi querido amigo Alfonso Jiménez a través de *Recruiting Erasmus* y *Merco Talento* (*vid.* tabla 9.1) explica en gran medida el porqué de este cambio que se percibe desde 2019 y, especialmente, en el mundo pospandemia.

Se observa que la evolución demográfica ya impacta en el mercado laboral español, y el número de activos laborales disponibles menores de 25 años es inferior al de generaciones de mayor edad. Esto supone que el mantenimiento de la productividad, incluso su incremento, y la generación de más negocio tiene que recaer en empleados de más edad.

Es más, el desarrollo y la revolución digital está generando jóvenes que viven en un entorno de inmediatez absoluta: todo tiene que ser ya y ahora. Esto conlleva a ser generaciones más tacticistas que estratégicas. La visión a medio y largo plazo es un hándicap habitual que nos encontramos cuando los queremos reclutar y en adición, el conocimiento de los modelos de gestión empresarial es menor.

Las empresas ya no nos podemos permitir prescindir del capital humano que estamos necesitando: profesionales que, por su experiencia y *expertise*, conocimiento, madurez, y vivencias en situaciones complejas, han adquirido una visión de la vida y de los negocios a medio y largo plazo, más estratégica. Y la edad les permite, a la par que ser más eficientes, ser mejores gestores de tiempo, medir bien las pausas necesarias y dedicar al análisis el tiempo preciso para que las decisiones sean las correctas.

Necesitamos empleados y profesionales que tutoricen a los más jóvenes, especialmente en las habilidades blandas, que van a tener que desarrollar cuando asuman posiciones más elevadas: liderazgo, gestión de personas y de equipos, impacto e influencia, capacidad de análisis y decisión. Son los séniores los que deberían aportar estos conocimientos que no se estudian y aprenden, sino que se aprehenden, en un entorno empresarial competitivo, pero ya muy vivido por estos séniores.

Si a esto sumamos que la calidad de vida y de salud de este colectivo sénior es más alta actualmente, que su perspectiva de vida es mucho mayor (especialmente en España), que la edad de jubilación se ha retrasado porque somos capaces de estirar con calidad nuestra carrera profesional y que, además, se está incentivando incluso el mantenimiento de la actividad laboral más allá de la edad de jubilación, nos encontramos que el talento sénior hace una aportación a las organizaciones extremadamente positiva y productiva, aunque en muchas ocasiones no valorada y, adicionalmente, poco demandante en costes (más allá de los que ya impactan).

La escasez de talento en el mercado, la necesidad de incorporar profesionales cuando cada vez hay menos, unido al *expertise*, productividad y valor añadido del talento sénior, está generando una nueva corriente respecto de estos profesionales. Las organizaciones ya no estamos en disposición de excluirlos del mercado, sino de todo lo contrario, de fidelizarlos y cuidarlos. Y, es más, empezamos a ver movimientos de mercado, cambios de empresa y fichajes de estos profesionales séniores.

Frente a la percepción de una perspectiva economicista y reduccionista de costes por la vía más fácil y débil (la de los prejubilables), hoy por hoy se está produciendo la revalorización del talento sénior. Y quien aún no ha visto las ventajas y la necesidad de mantener, e incluso incorporar, séniores a las organizaciones, me temo que está dejando pasar un tren que en breve tiempo acarreará consecuencias no deseadas en términos organizativos y de desarrollo de negocio.

En conclusión, mi visión es que la edad es sinónimo de productividad (y de no mayor coste), y es aportación de valor a la organización; y que, afortunadamente, el equilibrio demográfico dentro de las empresas nos está empujando a un equilibrio generacional que impulsa a las empresas a mantener y fidelizar su talento sénior. Ya no es un futurible, es el presente.

10. El nuevo poder intergeneracional. La capacidad de aprender

Esteban Betancur
Socio fundador de Prestigio y Prisma Educación

Para avanzar en este capítulo necesitas adoptar tres actitudes: la de apertura, la actitud crítica y la del aprendiz. Déjate retar, cuestiona todo lo que leas. Mi objetivo es motivarte para que te hagas preguntas sobre el aprendizaje, a que seas buscador, aunque no encuentres las respuestas por ahora. Quisiera que yo al escribir y tú al leer pensemos juntos... como en un diálogo. ¿Vamos?

Constará de tres partes y una decisión:

1. Los seis enamoramientos del aprendizaje. El amor no es cuestión de edad; aplica para jóvenes y viejos.

2. Comprende el reto que tenemos por delante, que no solo es generacional.

3. Entra en acción; toma decisiones.

1. Los seis enamoramientos del aprendizaje: amor a cualquier edad

Los seis enamoramientos del aprendizaje que nos impulsan a crecer y evolucionar en cualquier edad forman el tejido conectivo entre la sabiduría y la experiencia, guiándonos a través de la diversidad y riqueza que cada etapa de la vida aporta al aprendizaje continuo:

1. **Enamórate de las preguntas.** Cuando amamos aprender, apreciamos descubrir y sorprendernos por lo que nos rodea. Podemos aprender a aprender, y quererlo. Nos dejaremos sorprender entonces por las cosas, por otras personas, y especialmente por sus diferencias.

	Aprender es reflexionar primero y comprender después para tomar decisiones que nos permitan responder al contexto. Para eso necesitamos acceder a las perspectivas de los demás, buscar algo que admirar en ellos, ser curiosos con nuestro entorno y con nosotros mismos. El entorno es cambiante y sin embargo nosotros permanecemos como seres con toda nuestra vulnerabilidad, nuestra emocionalidad y nuestra lógica para adaptarnos a lo que venga. Somos seres humanos que aprenden sin necesidad de tener el control de todo; que aprenden de los niños, de los más jóvenes, de los mayores, y de los sabios.

	¡Aprender no es opcional! Es imposible aprender si uno piensa que ya lo sabe.

2. **Enamórate de la interacción.** Con interacción podemos ver la realidad con los ojos de quienes escuchamos si estamos abiertos a la curiosidad por el otro, a dejarnos sorprender, al desacuerdo o a no tener que comprenderlo todo de los demás. Para ello deberemos confiar. Los enamorados de la interacción prefieren asumir el riesgo de ser vulnerados en la confianza a caer en la temerosa desconfianza que busca más bien el *statu quo,* la seguridad. Lo paradójico es que a veces no nos movemos para no equivocarnos ante lo que no confiamos. El que no evoluciona en el reino animal... muere.

	Aprender exige confiar, exige riesgo.

3. **Enamórate de las dudas.** Enamórate de no tener que saberlo todo, de cuestionarte y de dejarte cuestionar, de interrogar a la vida. Enamórate de los problemas antes de buscar soluciones a toda prisa porque así te sientes más seguro; enamórate de las perspectivas de otros porque complementarán la tuya; no necesitas estar de acuerdo para que te enriquezcan.

Los seres humanos tenemos la capacidad única de ser conscientes de lo que pensamos, de lo que sentimos, de lo que somos. Podemos comprender cómo interactuamos con los demás y qué paradigmas nos lastran o cuáles nos potencian. Tenemos la responsabilidad de trabajar en ello. Eso, entre otras cosas, requiere humildad, que también se aprende.

Hasta el último de tus días, ¡hazte preguntas!

4. **Enamórate de la tensión que supone aprender.** Debes entender que todo aprendizaje es un cambio y todo cambio emerge de una tensión. No hay cambio sin desequilibrio, como no hay desequilibrio sin equilibrio. Parece un enredo de palabras, pero piénsalo un momento: para salir de tu zona de confort, necesitas tu zona de confort. Para retar tus paradigmas, necesitas reconocer tus propios paradigmas actuales. Para salir de algo, habrás debido entrar antes. El desequilibrio es al equilibrio como el día a la noche: el uno sin el otro no es posible.

La demonización del error y del fracaso, por ejemplo, la cultura de lo políticamente correcto y el miedo a exponerse, a participar, es en las organizaciones un síntoma al que debemos prestar atención. Estos síntomas describen culturas, formas de pensar, y desvelan las oportunidades de la organización como sistema para desarrollar capacidad adaptativa, amor por el aprendizaje.

Reflexiona sobre ti mismo: ¿valoras la tensión o buscas mantener la zona de confort? ¿Encuentras relación entre esto y tu aprendizaje y desarrollo? ¿Cómo crees que aprende tu organización?

¿Acaso crees que hay alguna edad en la que se deja de fracasar?

5. **Enamórate de tu capacidad de autoconsciencia.** Con ello te darás cuenta de cómo percibes cada situación, de cómo piensas, de cómo te emocionas. La forma como percibes el mundo dicta la forma como te emocionas, y esta la forma como piensas; tu forma de pensar dicta la actitud y el comportamiento con el que te enfrentas, que incide de nuevo en tu percepción, y así de manera iterativa. Puedes trabajar tu autoconsciencia para hacerte responsable de tus emociones y pensamientos o vivir pilotando en automático por las inercias de tus percepciones y los impulsos de tus emociones y paradigmas. En el primer caso, querrás aprender de manera intencionada y tomarás la decisión de sacar el pie de la zona de confort, de entrar a un mundo nuevo e incierto, mirando a tus capacidades; en el segundo, te sumirás posiblemente en la resignación y la reactividad ante un mundo que no cumple tus expectativas, mirando a tus carencias.

El aprendizaje no solo implica cambiar la realidad; muchas veces basta con cambiar nuestra imagen de ella.

6. **Enamórate del aprendizaje.** La capacidad adaptativa de los enamorados del aprendizaje descansa en aceptar el mundo como es, no aferrándose a la expectativa a menudo poco realista de que otros vean las cosas como ellos creen que deberían ser. Son personas que indagan en los problemas frenando la inercia aprendida de buscar corriendo la solución. Nos hemos educado en la premisa de que lo que cuenta son los resultados —¡que nos quedemos fijos en el corto plazo, vaya!—, y mientras, perdemos de vista los cómos y los paraqués. En este mundo tan incierto los resultados no siempre dependen de nosotros al 100 %, pero sí la coherencia y el compromiso para buscarlos con excelencia. La mirada sistémica, la de largo plazo, la de tus recursos y la de los recursos de los demás está en los cómos, inspirados por los paraqués. El propio proceso de aprendizaje capta reflexiones y observaciones para construir conceptos que materializamos en acciones, en decisiones, actos cuyo sentido es optimizar nuestra relación con el entorno

para adaptarnos lo mejor posible. El punto de ignición en el aprendizaje lo constituye la reflexión que nos permite aprender conceptos para actuar. El aprendizaje debe materializarse en actos inspirados por un propósito.

Necesitamos aprender, y también enseñar a los demás. En este sentido, las diferentes generaciones tenemos una tarea pendiente.

Tienes un poder que no es nuevo, pero puede serlo si es ahora cuando te das cuenta del efecto que su uso tiene sobre tu propia calidad de vida, de trabajo, de crecimiento.

El poder de aprender es actualmente un nuevo poder.

2. Comprende el reto que tienes delante

El aprendizaje no es un mantra

Solemos utilizar términos como VUCA (*Volatility* [Volatilidad], *Uncertainty* [Incertidumbre], *Complexity* [Complejidad] y *Ambiguity* [Ambigüedad]) o BANI (*Brittle* ([Frágil], *Anxious* [Ansioso], *Nonlinear* [No lineal] e *Incomprehensible* [incomprensible]) para definir nuestro entorno empresarial u organizacional. También hablamos de la necesidad de *upskilling* y *reskilling,* pero solemos hacerlo de manera simplista, sin capturar la esencia de su significado, y nos quedamos tan anchos. Todos estos conceptos deberían resonar contigo, con tu mundo cotidiano y palpable. De no ser así, corren el riesgo de quedarse en meras teorías, conceptos abstractos o, en el peor de los casos, mantras vacíos. Un mantra que perjudica el aprendizaje habla de generaciones para etiquetarlas. Decimos cosas como que los *millennials, centennials* y la generación *alpha* aprenden rápido, mientras que los más viejos (los X, los *boomers*) ya no podemos aprender. He visto a jóvenes pensar como viejos y a viejos como jóvenes desde el contexto del aprendizaje. El reto no tiene que ver con la edad, sino con nuestra predisposición a asumir la incomodidad del aprendizaje. Todo depende de la medida en la que queramos enamorarnos del reto, de aprender a sentir tensión, incluso miedo, y salir de nuestra zona de confort. Pensar en aprendizaje sin sostener la incomodidad es como pretender correr un maratón sin entrenar.

Las tres dimensiones del aprendizaje, un mismo ser al que hay que poner atención urgente

«¿Qué les pasa a nuestros jóvenes? No respetan a sus mayores, desobedecen a sus padres, ignoran las leyes y hacen disturbios en las calles inflamadas con pensamientos salvajes. Su moralidad decae. ¿Qué será de ellos?». ¿Te suena este discurso? Esta cita la escribió Platón ¡en el 400 a. C! ¿No te hace pensar que la frase esté vigente aún en la actualidad? ¿Habremos aprendido algo desde entonces? ¿Desde esa época ya existía el desafío generacional?

Hemos aprendido, ¡y mucho!, aunque me quita el sueño provocar el debate sobre la responsabilidad de nuestros liderazgos y roles para poner el foco en lo que importa. Ampliemos el paradigma del aprendizaje mucho más allá del abordaje cognitivo y técnico. Es hora de poner el foco en el aprendizaje del ser y acelerarlo más allá de lo técnico y cognitivo como personas, como equipos, como organizaciones, en lo humano.

En el gráfico 10.1 se observa cómo desde el saber y el saber hacer (técnico) la velocidad de cambio que estamos logrando es alta. La tecnología nos ayuda, y parece que eso nos basta. Sin embargo, en términos del desarrollo del ser, parece evidente que no vamos a la misma velocidad. ¿Cuántas veces no habremos escuchado cosas como «no me he acostumbrado a un cambio y ya viene otro» o «no llego a todo, no me alcanza el tiempo»? Antes pensábamos que era cosa de gestión del tiempo; hoy está lejos de ser un mero problema técnico de gestión. De hecho, las mismas evidencias nos dicen que el reto que debemos abordar de manera urgente, si realmente queremos progresar como especie, es una cuestión adaptativa.

Gráfico 10.1 Consciencia del contexto y su ritmo de cambio

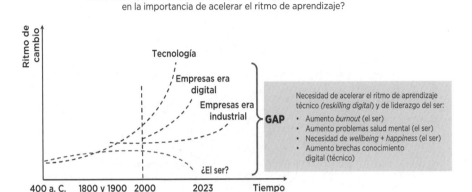

Fuente: Equipo I+D Prestigio.

En la era industrial la tecnología se entroniza cambiando las reglas del juego. Entramos en la era digital. Coexisten ahora paradigmas sobre la vida, a veces opuestos unos de otros, fuente de tensiones intergeneracionales. No nos comprendemos ni sabemos cómo comunicarnos. Perdemos la capacidad real de adaptación en la medida en la que los diferentes paradigmas nos enfrentan y no somos capaces de ser curiosos los unos con los otros y de enseñarnos algo que nos ayude a todos a avanzar. La era industrial nos enseñó a muchos a competir: unos, enfocados en la inmediatez del resultado y del corto plazo y otros mirando a largo plazo para afrontar los mismos desafíos; y en el camino nuestra mayor preocupación suele ser tener razón, acertar. Lejos de compartir, nos juzgamos sin hacernos eco de que el desafío es de cada cual a nivel individual y de todos a nivel sistémico. Hoy la transformación digital no es opcional. Para abordarla necesitamos repensar nuestras propias habilidades y sobre todo nuestra mentalidad. Los conocimientos de la era industrial ya no son suficientes a las necesidades de la era digital. No es un reto de valores en conflicto, sino un desafío de integración y de acelerar el aprendizaje, tanto el técnico como el humano (comprensión del SER). (Gráfico 10.2).

Gráfico 10.2 Consciencia del contexto y los retos de aprendizaje

No estamos en una era de cambio, estamos en un cambio de era.
¿Esto qué nos exige en el aprendizaje?

Capacidades antes era industrial	Capacidades durante la era digital
LO QUE APRENDIMOS ▽	▽ **LO QUE FALTA POR APRENDER**
Ofrecer soluciones	**Retar y orquestar el conflicto**
El líder busca seguidores	**El líder busca progreso**
El yo	**El nosotros**
Retos estables	**Cambio permanente**
Repetir	**Experimentar**
Predecir	**Desviarse (flexibilidad)**
Castigar el error	**Promover la innovación**
Controlar KPI	**Confiar y movilizar OKR**
Perseguir el resultado $	**Perseguir la coherencia**
Controlar el riesgo	**Abrazar el riesgo**
Mando y Control	**Empoderamiento y aprendizaje**
Liderazgo masculino	**Liderazgo femenino**
Escasez	**Abundancia**
Liderazgo desde el rol	**Liderazgo desde el ser**

Fuente: Gráfico construido por Equipo I+D Prestigio.

Este contexto que hemos descrito y cambios de paradigmas por estar no en la era de cambio si no en un cambio de era, exige como hemos dicho una nueva actitud en el aprendizaje, una actitud que parta del AMOR para abrirnos al aprendizaje tanto en lo técnico como en lo humano.

Se trata entonces de aprender en tres dimensiones que desde el prisma de *upskilling* y *reskilling* deben tener intervenciones muy diferentes, pues son desafíos muy distintos:

- **Dimensión 1: El saber.** Es el conocimiento técnico junto con lo que recoges de tus experiencias y construyes en interacción con los demás. Lo has atesorado con tu aprendizaje a lo largo de tu formación y tus vivencias. En tu historia has adquirido un saber intelectual, emocional, espiritual, cultural, etc. Nuestros antepasados nos han legado un conocimiento exquisito del que hemos bebido. Descubrir que sigue siendo vigente y que debemos desaprender será crítico.

- **Dimensión 2: El saber hacer.** Se refiere a tus habilidades, destrezas, aptitudes, hábitos e incluso vicios. La calidad de tu hacer depende en gran medida de tu saber, que, aplicado a la realidad, produce aprendizaje significativo. Tu saber hacer se desvela en tus decisiones, en tus comportamientos y hábitos. En ellos está tu liderazgo. «El hacer reobra en el ser» decía Aristóteles.

   Importa desarrollar tu pensamiento crítico, ser capaz de observar los automatismos que dirigen tus inercias y dejarte cuestionar para provocar cambios conscientes. Sin embargo, tendrás que comprender antes en qué consiste el saber ser.

- **Dimensión 3: El saber ser.** Trata de ti en tu entorno y con los demás. Es la esencia que te configura desde tus rasgos temperamentales (heredados), se moldea en el carácter a base de aprendizaje y hace sus elecciones en la personalidad (sentido de la vida y valores). Se refiere a cuánto eres consciente de tus emociones, de la forma como piensas y de tus aperturas (al fracaso, al conflicto y al riesgo). Tu ser está íntimamente ligado a tu apertura al cambio, al aprendizaje; a cuánto eres de curioso, de explorador. Desarrollado esto, hace el hábito de retarte a ti mismo, de cuestionar tus propios supuestos, creencias y principios para desarrollar tu liderazgo interior. El desarrollo del ser es una palanca vital para acelerar además nuestro aprendizaje técnico (saber y saber hacer) y para poder articular el aprendizaje intergeneracional. Sin embargo, el ejercicio de conocernos mejor a nosotros mismos parece hoy una asignatura pendiente. El liderazgo no se trata de tener seguidores que te siguen a ti, sino de buscar seguidores enamorados de un propósito y con el compromiso de incomodarse para lograrlo. En esta dimensión debes poner el mayor de tu esfuerzo.

La siguiente tabla busca generar distinciones y ofrecer claridad de las 3 dimensiones del aprendizaje.

Tabla 10.1. *Upskilling* y *reskilling* desde las tres dimensiones del aprendizaje

Área	Upskilling	Reskilling
Saber (conocimiento)	**Foco:** El conocimiento técnico-teórico. El conocimiento siempre será necesario. Sin embargo, el conocimiento sin aplicación en el contexto empresarial queda estéril. El sistema educativo se construyó desde la base de ofrecer conocimiento. El contexto actual nos invita a poner el foco en las otras dos dimensiones, y es desde ahí donde podremos comprender mejor los retos de *upskilling* y *reskilling*.	
Saber hacer (habilidad)	**Habilidades clave:** • Pensamiento crítico • Visión global • Comprensión sistémica • Foco en cultura y talento (ser) • Transformación y cambio	**Habilidades clave:** • Colaboración • Toma de decisiones • Habilidades digitales • Creatividad • Gestión emocional • Trabajo en equipo • Ejercicio de la autoridad + ejercicio del liderazgo
	Reto: exige cambio de mentalidad, humildad y apertura.	**Reto:** exige motivación y un proyecto concreto de aplicación.
	Tiempo para el cambio: medio (más de 5 meses).	**Tiempo para el cambio:** corto (menos de 5 meses).
	Indicador de éxito: coherencia.	**Indicador de éxito:** empoderamiento y toma de decisiones descentralizadas.

Área	Upskilling	Reskilling
Ser (comportamiento actitudinal)	**Habilidades clave:** • Retar nuestro paradigma del éxito • **Humildad** • Distinguir autoridad de Liderazgo y ejercer ambos de manera coherente • *Storytelling*	**Habilidades clave:** • Autoconocimiento y autoconciencia • Curiosidad • Empatía • Comprensión emocional • Capacidad de riesgo y cambio • Proactividad y valentía gerencial • Agilidad de aprendizaje • Conversaciones difíciles
	Reto: Exige profundidad y pasión por la comprensión del SER.	**Reto:** Exige humildad, compromiso y exigencia de uso (disciplina).
	Tiempo para el cambio: medio (más de 5 meses).	**Tiempo para el cambio:** corto (menos de 5 meses).
	Indicador de éxito: cambio conversaciones y cultura.	**Indicador de éxito:** cambio comportamientos individuales y dinámicas de equipo.

3. Entra en acción; toma decisiones

¡Nada está perdido! ¡Estás a tiempo!

Espero que hayas captado la invitación a enamorarnos del aprendizaje no como una sinrazón de amor, sino como una relación de madurez hacia el reto por comprenderlo lo más profundamente posible.

En el aprendizaje, el enamoramiento es una decisión personal de humildad. La necesitarás para hacerte amigo de muchos *nosés* que puedas afrontar con curiosidad y motivación, y te permitirá valorarte a ti mismo y al otro en su diferencia... ¡y aprender unos de otros!

¡Ah! y también te permitirá sostener la tensión cuando empieces a descubrir los paradigmas limitantes que te da miedo cambiar. Precisarás trabajar tu humildad para comprender que, en realidad, creces a través del crecimiento de los demás. Construyes a otros como los otros te construyen a ti en un juego de liderazgo consciente que no deja su ámbito de acción en uno mismo, sino que lo moviliza por y para los demás.

Por eso, quiero hablarte de lo cinco errores frecuentes durante el aprendizaje que he recopilado fruto de la observación y experiencia.

Tras quince años de experiencia acompañando a más de veinte mil directivos he identificado los siguientes errores en el contexto del aprendizaje. Dales una pensada a ver si te resultan familiares y pueden servirte.

1. Pensaste que todo eran retos técnicos y trataste como tales los desafíos adaptativos (los del ser). Todo parecía tener una solución de sota, caballo, rey, cuando en realidad lo que tocaba era aprender sobre la marcha y comprender cómo aprenden los demás:

   - **Aprendizaje: Para, no tengas tanta prisa.** Es cuestión de distinción, no de tiempo. Comprende el problema antes de intervenir. Aléjate de él, míralo de frente y también por los lados. ¡Hazle mil preguntas al problema, al contexto, a la gente! Enamórate del problema. Distingue bien si estás ante un problema de solución técnica o su solución vendrá cuando todos aprendáis lo que el propio problema os está susurrando. Los desafíos adaptativos (del ser) exigen pensamiento sistémico, empatía, paciencia y valentía para sostener la tensión del proceso de cambio. ¡No te olvides de la humildad!

2. Pensaste que el cambio se abordaba a base de gestión. Seguramente te diste contra la pared cuando tras planes de cambio y estrategias inteligentes te encontraste con las personas y no respondieron como esperabas y en el tiempo que esperabas. ¡Es desgastante! La cuestión es que el cambio no se gestiona, se moviliza. En esencia, exige aprender:

- **Aprendizaje: Hazle una TAC a tu mentalidad.** Pregúntate cómo sería tu mirada con los lentes de lo adaptativo. No se trata de gestionar el cambio desde el control técnico con cuadros de seguimiento Gantt, sino de sacar lo mejor del talento en los momentos difíciles, todos enamorados desde un propósito y a su vez conscientes de las dificultades, que exigirán aprendizaje y adaptación de todos para avanzar con coherencia y valentía.

3. Pensaste que, si te tensa, es malo; si te reta, es malo; si te incomoda, es malo; si te saca de tu *statu quo*, es malo... y en eso las personas a tu lado que más deberías valorar son esas que, estando en desacuerdo, te lo dicen, te confrontan, te hacen pensar o, sencillamente, son tu propio espejo. Nada de esto serás capaz de ver si te quedas en la creencia de que es malo porque te pone nervioso... Perdón, porque te incomoda:

- **Aprendizaje: El cambio exige tensión.** Puedes enamorarte de ella desde tu liderazgo. Estaría bien que valores y orquestes el conflicto para volverlo productivo. ¡A esto se aprende!

4. Hablando de mantras, decir que «el ser humano se resiste al cambio» es cantar una oda a la zona de confort. Piénsalo... El ser humano no se resiste al cambio, sino a las pérdidas que percibe o experimenta ante él. Es normal... solo pensarlo nos duele. Es un dolor legítimo, propio o ajeno, del que debemos ocuparnos:

- **Aprendizaje: ¡Empatiza con tus pérdidas y con las pérdidas de otros!** Solo necesitas legitimarlas. ¡Escúchalos! Porque necesitas comprender antes de intervenir. De lo contrario, es muy, pero muy probable que, si tienes un poco de corazoncito, ejerzas paternalismo en tu liderazgo. Por ejemplo, buscarás sobreproteger a tu equipo, microgestionarás, delegarás poco y te echarás a la espalda responsabilidades de tu equipo que no son tuyas. ¡Otra vez desgastante!

5. Creíste que la humanidad consiste en un puñado de seres iguales. «Para todos daré lo mismo», pensaste, e incluso tal vez lo argumentaste con el valor de la igualdad. El ser humano es único, insustituible e inabarcable. Tratar a los seres humanos como manada es como querer tratar a las personas como si fueran retos técnicos. No funciona así. Necesitamos personalizar el desarrollo y poner a cada persona con viento a favor para sacar su mayor potencial:

- **Aprendizaje: Comprender los dones de cada uno de tu equipo para ayudarles a sacar (ellos) su mejor potencial.** El desarrollo exige conocer al otro y exclamar «quiero primero tu éxito personal, antes que el mío». Los jefes tienen un reto mayúsculo en este punto, una responsabilidad a menudo pendiente de asumir.

Y para finalizar, te ofrezco un decálogo de recomendaciones para acelerar el aprendizaje; te recomiendo, empieza por el tuyo:

1. **¡Apasiónate por lo esencial!** Pon a las personas en el centro; hacerlo no depende de la edad.

2. **Menos es más.** Aprende a buscar lo esencial. Pregúntate siempre si se puede simplificar. Lo simple es comprensible, asequible, ágil; tampoco es una cuestión de edad.

3. **Cuida el tiempo de las personas comprendiendo a la vez que el aprendizaje es un proceso.** Es tentador buscar cambios de comportamiento individuales y grupales en programas y procesos cortos. La transformación a golpe de un clic no existe. El aprendizaje es un proceso; apóyate en otras generaciones para acelerarlo.

4. **La virtualidad está al servicio del aprendizaje.** No es una pantalla la que te impide conectar con los demás; es lo que tú crees que te impide la pantalla. La virtualidad con una buena metodología tiene más influencia incluso que la presencialidad. La tecnología ha venido para quedarse, pero sin renunciar a esos

encuentros presenciales cara a cara. Sea cual sea tu edad, eres humano; todos necesitamos tener contacto con los demás.

5. **El proceso de aprendizaje adulto es el mismo desde hace miles de años.** Todos aprendemos mediante la integración de lo concreto con lo abstracto y de la acción con la reflexión. Sigamos valorando el conocimiento y comprometámonos a llevarlo a la práctica (acción). Aprendamos a reflexionar en medio de la acción. El que no se equivoca no aprende y el que no aprende siempre se equivoca. A toda edad, el ser humano seguirá cometiendo errores.

6. **Los equipos directivos son la palanca de Arquímedes de las culturas de aprendizaje.** La falta de humildad o el exceso de ego en general en los sistemas pueden ser la enfermedad. Que la palanca de Arquímedes no haga su fuerza es una irresponsabilidad acompañada de altas dosis de incoherencia. Sea cual sea tu generación, la humildad también tiene que ver contigo.

7. **Apasiónate por el cliente (interno y externo).** Fíjate en él con curiosidad, indaga en sus deseos, necesidades, expectativas. Empatiza con su experiencia, no partas solo del conocimiento de la tuya. Y recuerda que el cliente no solo está fuera; tu principal cliente está dentro: es tu talento.

8. **Construye cultura ante los desafíos.** La transformación digital no se dará si no abordamos los desafíos adaptativos de las personas, que es de quienes emana una nueva cultura (la digital).

9. **Tu vulnerabilidad es una condición, no un defecto.** Puedes sentir que no lo controlas todo; puedes dudar; puedes equivocarte. Ten más presentes tus cualidades y dones que tus carencias. Nada de eso son defectos.

10. **El aprendizaje comienza con tu liderazgo.** ¿Qué esperas para activarlo realmente?

Si quieres continuar profundizando en el tema, te invito a realizar el test sobre estilo de aprendizaje, a través del cual podrás ampliar tu consciencia acerca de la manera en la que aprendes y cómo puedes complementarte con otros estilos desde la diversidad.

Escanea con tu dispositivo móvil el siguiente código QR, registra tu correo electrónico y recibirás un enlace personal para acceder a la corta prueba de introspección. Una vez realizado, podrás descargar tu informe personal.

Accede a la prueba de introspección y descarga tu informe personal

11. La resiliencia no tiene edad y se aprende

José Antonio González
Director Global de Relaciones Laborales Recursos
Humanos en Hewlett Packard Enterprise

1. El punto de inflexión

El día 3 de julio de 2018 amaneció caluroso en Madrid como cualquier día típico del verano.

Pronto por la mañana, como habitualmente en aquel tiempo, fui a la oficina de mi compañía situada en Las Rozas, una localidad de Madrid, en mi coche. Mientras circulaba y escuchaba la radio para ponerme al día de lo sucedido en el mundo, noté una especie de sombra disminuía mi visión. Como suele suceder en mi caso con los temas médicos, pensé que no era nada, que simplemente era el cansancio propio de un mes de julio, cercano a las vacaciones, cuando ya se acumula todo el año a las espaldas.

La jornada en la oficina comenzó muy ajetreada, como de costumbre, entre reuniones, correos electrónicos y llamadas telefónicas, en fin, esa actividad tan frenética como motivadora que siempre me ha acompañado en mi vida profesional.

Durante el día, la percepción sensorial de que no veía bien seguía presente. En un pequeño descanso de unos minutos, llegué a comentarlo con una colega profesional: «Carmen, creo que tengo algo en mis ojos». Ella me comentó que por qué no iba al servicio médico a que me echaran un vistazo, pero mi respuesta fue que iría en cuanto tuviera un minuto libre. Y, como siempre sucedía, no hubo ese minuto durante todo el día.

A última hora de la tarde, volví a coger mi coche para regresar a Madrid. Había quedado en recoger a mi esposa en su despacho para tomar algo a la salida aprovechando la noche madrileña de verano y que nuestros hijos estaban haciendo su vida.

Me di cuenta de que llegaba con tiempo antes de recogerla y decidí, todavía no sé por qué, acercarme a un hospital para que me vieran los ojos. Unos minutos más tarde ingresaba en urgencias en el hospital de Sanitas en la Moraleja en Madrid. Después de una hora vertiginosa de pruebas, preguntas, análisis y muchos médicos, enfermeras y auxiliares que iban llenando la sala en la que me encontraba, uno de los médicos me dio la noticia: con toda seguridad tiene usted un tumor en uno de sus ojos.

Cuando escuché la palabra cáncer entré en *shock*. De forma inmediata, y muy acorde con mi carácter, le hice dos preguntas al médico: «¿Tengo una segunda oportunidad? ¿Qué es lo que tengo que hacer ahora?». La respuesta a la primera fue: «Honradamente no lo sé». Y la respuesta a la segunda fue: «Véngase usted mañana a las ocho al hospital y empezamos el camino».

Aquella noche compartí el diagnóstico con mi familia, mis amigos más cercanos y mi jefe. A pesar del impacto tan grande para todos, nos aliamos para recorrer juntos ese camino.

En aquel momento tenía una vida profesional de 30 años, extremadamente comprometida y disfrutada. En todo ese tiempo no había tenido un solo día de baja laboral por enfermedad. Pero a partir de ese día, estuve ocho meses fuera de combate. Fueron meses muy duros: quirófanos, radiación, incertidumbre, cansancio...

Pero también surgió en mí una fuerza interior para luchar impulsada por todo el apoyo y cariño que recibí de mi familia, de mis amigos y de mi compañía Hewlett Packard Enterprise (HPE), que se comportó de una manera ejemplar conmigo.

Casi al final de ese período de ocho meses, los médicos me preguntaron qué quería hacer con mi vida. Mi respuesta fue inmediata: «Quiero seguir trabajando y aportando valor con mi profesión». Su respuesta también lo fue: «Nosotros te apoyamos».

Durante todo ese tiempo, estuve en contacto con mi compañía. Recibí infinitos mensajes de apoyo de todo tipo y de muy diferentes lugares del mundo HPE. Me sentí realmente abrumado por la humanidad que se desprendía de mi entorno. Cuando pasó este período, tuve una conversación decisiva con mi jefe. Le expresé mi deseo de volver, aunque era consciente de las limitaciones físicas que me había dejado la enfermedad. Como profesional del sector, dije que entendería si la empresa consideraba gestionar mi salida. Su pregunta fue directa: «¿Cuál es tu proyecto?». Yo le contesté que mi proyecto era seguir trabajando para dar valor en la medida de mis posibilidades. Y él me respondió de una manera que jamás olvidaré: «Si tu proyecto es ese, ese es mi proyecto también y el proyecto de nuestra compañía».

Retomé entonces mi vida profesional, aunque el cáncer siempre se lleva algo y en este caso fue gran parte de mi visión. Comencé a adaptarme a vivir con una discapacidad. Aprendí que con la actitud adecuada se pueden superar los obstáculos y encontrar las herramientas necesarias para adaptarse a los nuevos desafíos. Mi empresa, de nuevo, fue un apoyo fundamental en este proceso. Juntos encontramos las herramientas que utilizo para trabajar: ordenadores especiales, sistemas de audio, flexibilidad para teletrabajar y un largo etcétera, que han permitido con tiempo, adaptación, dedicación y resiliencia, estar cinco años después en plena actividad profesional, disfrutando de lo que hago, habiendo aprendido de la experiencia y, lo que ha sido siempre mi obsesión, aportando valor.

El día 3 de diciembre de 2019, Día Internacional de las Personas Discapacitadas, decidí ofrecerme a Hewlett Packard Enterprise para compartir mi historia con todos los empleados. Fue un momento muy especial en el que comprendí que para mí había un nuevo propósito profesional: compartir mi vivencia para ayudar a otros que puedan encontrarse en situaciones difíciles. La cantidad de mensajes recibidos, llenos de historias personales, me hicieron ver y sentir la humanidad que reside en el trasfondo de nuestras organizaciones.

Cinco años después de estos acontecimientos, puedo decir que mi vida profesional, lejos de terminar, se ha enriquecido. No solo sigo siendo un experto en el mundo de los recursos humanos y de las relaciones laborales, sino que además he desarrollado unas habilidades como *coach* que me permiten ayudar a profesionales a enfocar sus carreras en la Escuela de Negocios ESADE, conectando con su propósito y comprometiéndose en un camino en el que las dificultades les ayudarán a ser más fuertes. Esa fue mi experiencia; aquello transformó mi vida.

2. La resiliencia es contagiosa

Mi querida amiga Ana Matarranz también estuvo presente durante aquel tiempo. Es una excelente profesional, pero, más importante aún, es una persona extraordinaria, a la que quiero dar las gracias desde aquí.

Ana me pidió colaborar en este libro de intergeneracionalidad, palabra que transmite un trasfondo de talento y sabiduría. Elegí un tema, que no podía ser otro que la resiliencia, partiendo de mi experiencia con la enfermedad como génesis de estas líneas. Hace unos días, dando un paseo por el monte con mi querido amigo Eloy Pita Olalla, director general de Increa, le comentaba sobre la aventura que supone escribir y el tema que había elegido. Él me señaló que el origen de la palabra resiliencia viene de la física y se refiere a la capacidad que tienen los materiales de volver a su forma original después de haber sido sometidos a un estrés, sin sufrir deformaciones permanentes. Debo decir que me llamó la atención cómo un concepto tan utilizado en recursos humanos y en el desarrollo personal proviene, en realidad, del ámbito de la ciencia. Afortunadamente, la definición actual en el diccionario de la RAE ya recoge ambos significados:

«1. f Capacidad de adaptación de un ser vivo frente a un agente perturbador o un estado o situación adversos.

2. f. Capacidad de un material, mecanismo o sistema para recuperar su estado inicial cuando ha cesado la perturbación a la que había estado sometido».

Definitivamente, lo que parece indudable es que la extensión de este concepto al género humano pasa por la adaptación.

Álex Rovira, yendo un poco más allá de este concepto, habla de la *longanimidad*, definida según el *Diccionario de la lengua española* como:

«1. F. Grandeza y constancia de ánimo en las adversidades.

2. f. Benignidad, clemencia, generosidad».

Alex Rovira destaca lo siguiente en su *Diccionario de la buena suerte*:

«Los milagros existen. La crisis los propicia, si queremos, si creemos que podemos. Hay crisis que parecen insuperables, pero que, como humanos, nuestra batería de recursos para gestionarlas y superarlas es mucho mayor de lo que imaginamos.

¿Podemos lograr todo lo que deseamos? No. Pero sí que podemos lograr más de lo que imaginamos si movilizamos la fuerza de nuestro amor con altas dosis de longanimidad y voluntad».

Luego parece que más allá de la adaptación, las situaciones difíciles producen el milagro de que salga lo mejor de nosotros, en definitiva, de hacernos crecer y descubrir capacidades que no podíamos imaginar que estaban dentro de nosotros.

En el ámbito de los recursos humanos son muchísimas las ocasiones en las que la resiliencia se hace presente. La gestión de personas te convierte, además, en un testigo de historias vividas por los seres humanos con los que coincides en tu organización, que son ejemplo evidente de lo que significa la resiliencia en esencia.

Esta profesión, a la que a mí siempre me ha gustado llamar vocación, requiere continuamente de resiliencia. El cambio constante al que estamos sometidos y el mundo, cada vez más disruptivo en el que vivimos, hacen esto aún más presente. La capacidad de articular el cambio, sin olvidar la necesaria humanidad y los valores imprescindibles que tener en cuenta suponen, en múltiples ocasiones, adaptación, versatilidad, visión positiva y una actitud de no rendirse; lejos de esto, encontrar en el cambio y en la flexibilidad un motor vital, tanto a nivel personal como organizativo.

El cambio requiere criterio y muchas veces firmeza. Ser firme significa entender las necesidades de las organizaciones desde el punto de vista de lo necesario para crecer y, en muchas ocasiones, para sobrevivir. Para que esto suceda, en organizaciones que llevan ya muchos años presentes en los mercados, superar las crisis ha sido esencial.

En el año 2012 tuve la fortuna de incorporarme a Hewlett Packard Enterprise, mi actual compañía. Como experto reconocido en el sector tecnológico en materia de Recursos Humanos y particularmente en materia laboral, tuve la encomienda por parte de la organización, de tratar de poner orden a algunos aspectos que requerían de la negociación colectiva con los interlocutores sociales. La compañía en aquellos momentos había anunciado un plan de reestructuración a nivel mundial para racionalizar los negocios, ir a rentabilidades de mercado y garantizar la viabilidad futura.

En mi nueva función, tuve el privilegio de ser partícipe de estos planes y responsable de su implementación en España, aunque la ejecución implicaba adoptar medidas drásticas en una compañía que históricamente no se había visto en esta disyuntiva. El desafío residía en equilibrar los planes de reestructuración con el respeto a las personas, un valor cultural profundamente arraigado y vital para la organización, y que, por cierto, fue una razón decisiva por la que escogí trabajar en esta compañía. No hace falta decir que para mí es fundamental que los valores personales estén alineados con los de la empresa en la que uno elige trabajar.

Anunciado el plan de reestructuración, la compañía navegó durante varios años en las turbulentas aguas del cambio y, junto con otras personas de gran valor, me tocó pilotar la nave en estos tiempos revueltos.

Es francamente difícil aguantar el tipo cuando vienen las tormentas. Hay un anclaje inequívoco en el criterio de que lo que uno está haciendo es lo correcto. Este anclaje, que tiene mucho que ver con la resiliencia, es lo único que permite seguir adelante cuando aparecen las dudas, no solo en ti como responsable, sino en las personas de alrededor que las plantean.

Podríamos decir que las compañías son resilientes, pero la realidad es que la resiliencia es un valor humano que se presenta en las compañías en la medida en que sus profesionales lo tienen. Es cierto que se puede fomentar, pero solo existe si está presente y se vive en las personas.

En procesos de restructuración, particularmente en el que a mí me tocó vivir, la resiliencia significa que hay un criterio claro e inequívoco de lo que hay que hacer, hay un rumbo fijado para seguir, hay firmeza en la ejecución, hay flexibilidad para adaptar el cambio a las circunstancias que suceden y hay satisfacción interior por la conexión que produce la coherencia de hacer lo que es necesario hacer desde un enfoque de valores con la organización.

Para mí fue un descubrimiento personal sentirme plenamente identificado con una organización que estaba en un proceso de reestructuración que significaba la toma de medidas a veces duras.

Esto me lleva a la reflexión de que no es tanto lo que las organizaciones hacen, como desde dónde lo hacen. Para que la resiliencia conecte con una satisfacción personal es imprescindible encontrar un lugar posible en el que la persona sea respetada incluso en los momentos de crisis más complejos.

Se pueden ejecutar modificaciones sustanciales de condiciones, despidos colectivos, operaciones societarias de segregación, fusión, absorción o división, con un nivel elevado de implicación o de *engagement* en los profesionales de la organización que está viviendo esta situación. En esto reside el arte de la profesión que yo elegí en mi vida profesional. Es fácil hacer las cosas con dureza y sin humanidad, con dureza y sin respeto, con firmeza y sin sensibilidad, con determinación y sin educación. Esto, en mi humilde opinión, no tiene mérito. El arte de los recursos humanos está en conseguir la ejecución y, por ende, la supervivencia de la organización, siendo capaces de gestionar la paradoja del cambio, con el compromiso de todos los profesionales de la organización.

El tema de la resiliencia, como muchos otros valores de la organización, es contagioso. El liderazgo se transmite por ósmosis, es decir, se demuestra por comportamientos. Cuando el liderazgo es ejemplo de resiliencia y de respeto, su efecto es contagioso y extensivo dentro de la organización.

3. La resiliencia se educa

Para profundizar en el tema intergeneracional, cabría preguntarse si la capacidad de resiliencia está relacionada con la edad o generación a la que se pertenece. Para ello creo necesario hacer referencia a uno de los grandes investigadores a nivel mundial en el estudio de la resiliencia: Boris Cyrulnik[1]. Este neurólogo y psiquiatra, profesor en la Universidad de Toulon, tiene una historia personal especialmente dura: durante la Segunda Guerra Mundial perdió a gran parte de su familia en Auschwitz, él mismo sobrevivió de manera milagrosa al escapar oculto bajo un cadáver, gracias a la ayuda de una enfermera que también logró salvarse con él.

Cyrulnik explica que, en la resiliencia, que consiste básicamente en iniciar un nuevo desarrollo después de haber vivido un trauma, lo interesante no reside tanto en el concepto como en descubrir cuáles son las condiciones humanas que permiten su desarrollo. Para Cyrulnik estas son: la segurización de la persona (construir un apego seguro en la infancia temprana), la ralentización durante la etapa educativa para aprender el arte de vivir, la recuperación tras el trauma, las relaciones personales no aislándose y recurriendo a ellas después de sufrir un trauma y la cultura en la que la persona se ha desarrollado.

Afirma que la resiliencia depende mucho de la persona y de su entorno antes y después de un trauma, no tanto de la naturaleza de este. Es decir, si una persona está muy vulnerabilizada desde la infancia, todo puede ser un potencial trauma para ella, la genética influye muy poco siendo casi todo lo afectivo y cultural.

Atendiendo a las enseñanzas de Cyrulnik, no parece que exista una clara vinculación entre el nivel de resiliencia de la persona y la generación a la que pertenece. Más bien parece que la resiliencia está relacionada con una combinación de factores vividos a nivel individual y social. Sin embargo, no hay duda de que la resiliencia también se educa ya que se puede influir en muchos de los factores vividos a nivel individual especialmente. En el plano generacional, seguramente, el hecho de haberlo tenido más fácil las generaciones actuales respecto a los *baby boomers* viene de la educación extremadamente protectora que estos mismos les han dado y, es probable que esto haya provocado que el nivel de resiliencia haya disminuido, porque la capacidad de adaptación al cambio, que muchas veces viene de la propia necesidad, lo ha hecho también.

Por otra parte, la sociedad va cambiando y la realidad que vivimos hoy en el mercado de trabajo tiene grandes diferencias con la que se vivía hace años cuando mi generación, los *baby boomers*, nos incorporamos al mismo.

En los años noventa, los que nos incorporamos al mercado de trabajo buscábamos una gran compañía estable y segura en la que trabajar toda la vida, como lo habían estado haciendo nuestros padres. El mercado de trabajo para titulados presentaba grandes cifras de desempleo. En mi promoción de Ciencias Empresariales en la Universidad Autónoma de Madrid estábamos más de cuatrocientos alumnos en algunas asignaturas. Cuando terminamos la titulación, los alumnos de mi especialidad, Dirección y Organización de Empresas, necesitamos casi un año para encontrar todos trabajo.

Cuando llegábamos a nuestras empresas, no teníamos más que una palabra ante cualquier petición por parte de nuestros jefes, esa palabra era sí. No teníamos horario ni discutíamos la autoridad, simplemente la acatábamos.

¿Era esto resiliencia?, interesante cuestión que, sin ánimo de polemizar, creo que tiene una respuesta en negativo. En mi humilde opinión no lo era. Seguramente muchos de nosotros éramos y seguimos siendo resilientes, pero una cosa es la resiliencia, tal y como la hemos definido antes, y otra la resistencia, que más que con la capacidad de adaptación tiene que ver con la capacidad de aguantar. De esta segunda creo que sí había mucha. Resistencia solo no es resiliencia, aunque la resiliencia requiere de algo de resistencia en su dosis apropiada.

Las generaciones de hoy día, las más recientemente incorporadas al mercado de trabajo, *millennials* y generación Z, se están encontrando con una realidad muy diferente. Son muchos menos en número, luego los más especializados no tienen casi ninguna dificultad para encontrar trabajo, han recibido una formación más intensa y especializada, no hay más que ver el enorme abanico de titulaciones universitarias que existen hoy, pueden elegir si trabajar en España o fuera a la vez que compiten con personas de otros países que pueden elegir lo mismo y tienen, probablemente, un concepto de la vida profesional más hedonista, no están dispuestos a trabajar en algo que no les guste o, quizá siendo más pretenciosos, no encaje con su propósito de vida, que va mucho más allá en muchos casos de meramente la vida profesional.

Soy plenamente consciente y participo activamente en mis responsabilidades profesionales, de las dificultades que conlleva el liderazgo intergeneracional (¡*baby boomers* liderando *millennials*!). Sin embargo, en este punto, me gustaría abordar la resiliencia desde una perspectiva intergeneracional y con un enfoque positivo.

Creo honradamente que hay una oportunidad de aprendizaje bidireccional. Quizá los de mi generación nos hayamos olvidado algunas veces de nuestro propósito. La práctica del *coaching* me ha permitido descubrir algunos profesionales de más edad que no habían desarrollado su carrera profesional en lo que les hubiera gustado hacer. Quizá el exceso de resistencia les había llevado a ello. También he podido observar en diferentes ocasiones cómo la exacerbada búsqueda de sus necesidades lleva a algunas personas de las nuevas generaciones a un cambio profesional continuo que, en ocasiones, no permite asentar los criterios, aprendizajes y experiencias consolidándolas adecuadamente.

Quisiera hacer mención también de aquellos profesionales que deciden reemprender una segunda carrera hacia el final de su vida profesional, ya con cierta edad. Excelente incitativa tanto para la persona que puede encontrar un nuevo propósito y poner en valor un *expertise* extraordinario como para la sociedad que se va a beneficiar de ello. La resiliencia aquí vuelve a ser clave para adaptarse a lo que viene sacando nuestra mejor versión.

Aprendamos unos de otros, ese es el camino y no nos olvidemos de que la resiliencia es condición humana imprescindible para la realización como personas y de los buenos profesionales.

Parte 3

CONVIVENCIA
INTERGENERACIONAL

12. Hackea tu algoritmo. Cómo los sesgos generacionales impactan en la empresa y en la sociedad

Sonsoles Martín
People & Culture Advisor Socia en Contexto

1. ¿Cómo interpretamos la realidad que nos rodea?

El siglo XXI ha empezado a toda velocidad. Cada día tenemos que procesar más datos que nunca, a mayor velocidad que nunca y manejar la incertidumbre mejor que nunca.

Dicen que en un día tomamos una media de 35 000 decisiones y solo somos conscientes de una mínima parte. En concreto, el 99.74 % de las decisiones se toman de forma automática por nuestro cerebro basadas en cómo percibimos la realidad. Es decir, la base es la programación de nuestro algoritmo. Sin duda, tiene muchas ventajas, pero también tiene un lado oscuro, ya que nuestro algoritmo se ha programado desde nuestro nacimiento condicionando cómo vemos la realidad. Tu realidad, no es la realidad.

En este capítulo, exploraremos cómo los estereotipos, juicios y sesgos generacionales condicionan nuestras acciones como resultado de nuestras lentes culturales, y cómo *hackear* nuestro algoritmo mental puede ayudarnos a tomar mejores decisiones que impacten en el negocio siendo más inclusivos, con independencia de la edad y otras etiquetas.

Nuestras lentes culturales se programan con las experiencias, valores y creencias que vamos incorporando a lo largo de nuestra vida. Son filtros a través de los cuales interpretamos el mundo que nos rodea. Cada persona tiene sus propias lentes culturales únicas, lo que significa que cada uno de nosotros percibe la realidad de manera diferente. Estas lentes culturales pueden ser tanto conscientes como inconscientes, y pueden afectar nuestra percepción de los demás, nuestras interacciones sociales y nuestras decisiones en diferentes contextos, incluyendo el ámbito laboral.

Según el modelo de Gardenswartz y Rowe: *emotional intelligence for managing results in a diverse world* ('inteligencia emocional para la gestión de resultados en un mundo diverso') nuestra forma de ver y de ser vistos está conformada por cuatro dimensiones que son, más o menos, fáciles de modificar.

- **Personalidad.** Se refiere a los valores, creencias y preferencias de las personas, que determinan su comportamiento y forma de ser. La personalidad se configura en los primeros años de vida y se ve influenciada por las otras tres dimensiones a lo largo de su trayectoria vital.

- **Interna.** Incluye los aspectos de la diversidad sobre los que, *a priori*, no tenemos control: sexo, edad, raza, etc. Es lo primero que percibimos de otras personas, lo más visible y, en muchos casos, lo que nos lleva a formar juicios de valor infundados.

- **Externa.** Compuesta por áreas de nuestra vida sobre las que tenemos un mayor control o, al menos, pueden evolucionar con el tiempo. Las variables de esta dimensión determinan, en buena medida, nuestras decisiones profesionales y el estilo de trabajo que elegimos. Algunas de ellas son nuestro estado civil, modelo de familia o religión. Además, marcan nuestras preferencias a la hora de construir nuestro círculo de amistades y elegir a las personas de las que queremos rodearnos.

- **Organizacional.** Se refiere al entorno de trabajo en su interacción con la persona. Esta dimensión no contempla al profesional como un sujeto aislado, sino en su papel dentro de la organización, según su especialidad, rango, experiencia, afiliación sindical, etc.

Gráfico 12.1 Las 4 dimensiones de la diversidad

Fuente: Gardenswartz & Rowe.

Estas dimensiones determinan nuestra forma de mirar al mundo, definen nuestras lentes culturales. Es importante conocer las nuestras y reconocer que los demás tienen otras diferentes para mejorar las relaciones y trabajar de manera colaborativa en cualquier contexto multicultural.

Estas características personales, como la raza, el género, la orientación sexual, la identidad de género, la capacidad, la religión y la clase social, pueden dar lugar a ventajas o desventajas en la vida de una persona. Por ejemplo, una persona que pertenece a una raza o género privilegiado tiene más oportunidades y acceso a recursos que una persona que pertenece a una raza o género menos privilegiado. Es decir, el entorno nos otorga un sitio en el universo.

Los términos utilizados para describir este concepto son círculo de privilegio o círculo de poder. Este concepto se originó en el contexto del feminismo y la teoría crítica de la raza en las décadas de 1970 y 1980[1] Desde entonces, este concepto se ha utilizado para describir cómo ciertos grupos sociales tienen acceso a recursos, oportunidades y poder que están fuera del alcance de otros grupos debido a características sobre las que no tienen control: como la raza, el género, la orientación sexual, la clase social y, actualmente, también la edad.

El círculo de privilegio resalta que la desigualdad y la exclusión son sistemas estructurales y nos permite cuestionar las estructuras sociales que perpetúan la discriminación. Se utiliza en diferentes ámbitos, incluyendo el laboral, para promover la justicia y la equidad (ODS10 Reducción de las Desigualdades).

A continuación, vamos a ver un ejercicio para darnos cuenta de la diversidad que no rodea:

1. Revisa el gráfico y cada ámbito.

2. Identifica en los círculos tu historia personal de cada aspecto.

3. Escribe tus aprendizajes a partir de esta toma de consciencia.

Gráfico 12.2 Círculo de privilegio

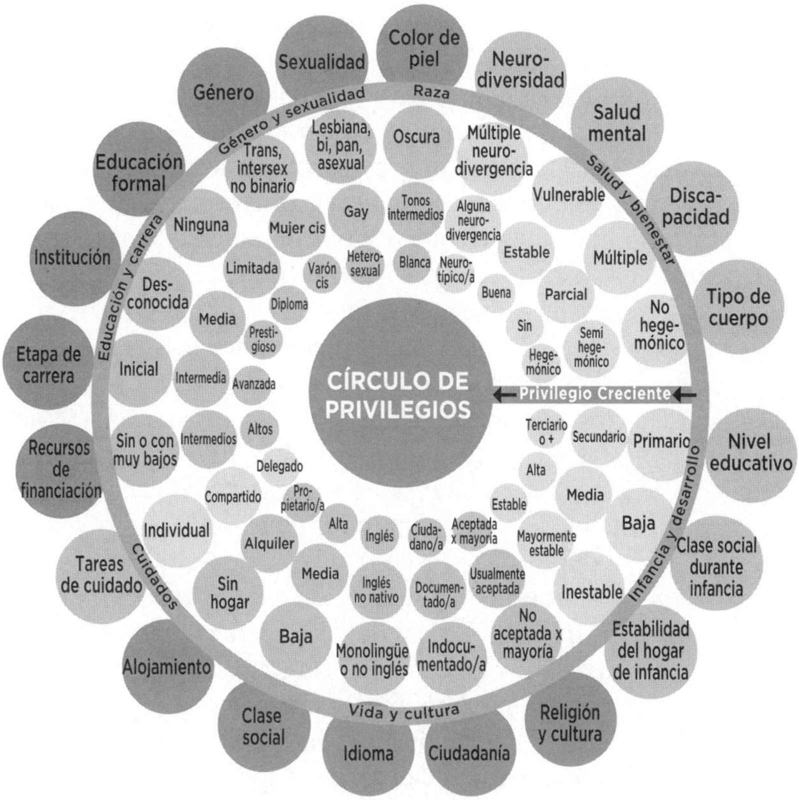

Color de piel
Sexualidad
Neuro-diversidad
Género
Género y sexualidad
Raza
Salud mental
Lesbiana, bi, pan, asexual
Oscura
Múltiple neuro-divergencia
Educación formal
Trans, intersex no binario
Salud y bienestar
Disca-pacidad
Vulnerable
Ninguna
Mujer cis
Gay
Tonos intermedios
Alguna neuro-divergencia
Institución
Educación y carrera
Limitada
Varón cis
Hétero-sexual
Blanca
Neuro-típico/a
Estable
Múltiple
Des-conocida
Diploma
Media
Prestigioso
Buena
Parcial
No hege-mónico
Tipo de cuerpo
Etapa de carrera
Inicial
Intermedia
Avanzada
Sin
Semi hege-mónico
Hege-mónico
CÍRCULO DE PRIVILEGIOS
Privilegio Creciente
Altos
Terciario o +
Secundario
Primario
Nivel educativo
Recursos de financiación
Sin o con muy bajos
Intermedios
Delegado
Alta
Media
Infancia y desarrollo
Compartido
Pro-pietario/a
Alta
Inglés
Ciuda-dano/a
Aceptada x mayoría
Estable
Baja
Individual
Alquiler
Mayormente estable
Clase social durante infancia
Tareas de cuidado
Cuidados
Sin hogar
Media
Inglés no nativo
Documen-tado/a
Usualmente aceptada
Inestable
Alojamiento
Baja
Monolingüe o no inglés
Indocu-mentado/a
No aceptada x mayoría
Estabilidad del hogar de infancia
Clase social
Vida y cultura
Religión y cultura
Idioma
Ciudadanía

Fuente: Inspirado en la teoría de interseccionalidad de Kimberlé Crenshaw (1989). DC Daniel Colombo.com.

Es importante tener en cuenta el concepto de círculo de privilegio en la gestión de la diversidad y la inclusión en el lugar de trabajo, para trabajar en la reducción de dichas barreras y promover la igualdad de oportunidades para todos, ya que cada vez son más los estudios que evidencias este tipo de discriminación: «El mejor predictor del éxito profesional no es el rendimiento cognitivo, es que tus padres tengan dinero» Daniel Sanabria Lucena[2]. Lo cual, sin duda, impacta en los más jóvenes a la hora de iniciar su carrera profesional en las empresas.

En esta línea, no puedo dejar de citar los estudios de los psicólogos sociales de Susan Fiske, Amy Cuddy y Peter Glick y su modelo de contenido de los estereotipos que integra los conceptos anteriores y su impacto en las relaciones, en base a las emociones que nos provoca.

Dicho modelo define cómo las personas juzgamos a los grupos sociales según dos dimensiones de la percepción social: calidez y competencia. Ambas dimensiones determinan la forma en que percibimos el mundo social que nos rodea y, esta rápida evaluación, determina nuestra relación con otras personas y colectivos sociales.

La percepción de calidez responde a la pregunta: ¿Qué intenciones tiene hacia mí? Una persona o grupo con intenciones positivas y cooperativas se percibe cálido, mientras que otro con intenciones negativas, competitivas o de conveniencia se percibe como frío. La calidez incluye amabilidad, sinceridad, colaboración y confiabilidad.

La segunda pregunta es: ¿Tiene capacidad para cumplir sus intenciones? En caso afirmativo, dicha persona o grupo social se percibe como competente, mientras que, si es valorado como incapaz de cumplirlas, es percibido como incompetente. La competencia incluye eficiencia, inteligencia, escrupulosidad y habilidad.

Para sus estudios, Susan Fiske y su equipo identificaron veinte colectivos que posteriormente presentaron a diferentes muestras de encuestados a los que se les pidió que calificaran a cada grupo según varias características de competencia (capaz, competente, eficiente, hábil, inteligente, seguro, etc.) y según varias características de calidez (amable, bienintencionado, bondadoso, cálido, confiable, sincero, etc.). En una matriz de dos dimensiones, posicionaron los diferentes colectivos basada en calidez y competencia.

En los resultados, un análisis por clústeres mostró que estos veinte colectivos se organizaron en cuatro agrupaciones que corresponden a los cuatro cuadrantes obtenidos al cruzar las dimensiones de calidez y competencia (*vid*. gráfico 12.3). Un clúster contenía los colectivos calificados como cálidos y competentes que llamaron los colectivos de referencia (estadounidenses de clase media). Un segundo clúster comprendía los colectivos percibidos como fríos e incompetentes, los colectivos más deprimidos (beneficiarios de asistencia social, personas pobres). Un tercer clúster comprendía colectivos calificados como cálidos e incompetentes, los grupos paternalizados (ancianos, discapacitados). El clúster restante incluía los colectivos percibidos como competentes y fríos, los colectivos envidiados (ricos, judíos).

Como curiosidad, en un estudio posterior, Cuddy se centró en un colectivo específico: las mujeres trabajadoras, y cómo varía en función de su situación familiar. De acuerdo con el modelo, las profesionales con hijos no solo fueron vistas como más cálidas que competentes, sino también como más cálidas y menos competentes que las profesionales sin hijos, y menos propensas a ser contratadas, promocionadas o formadas que estas últimas. Tener hijos no tuvo un efecto perjudicial en la percepción de los profesionales masculinos.

Gráfico 12.3. Competencia y calidez por colectivos sociales

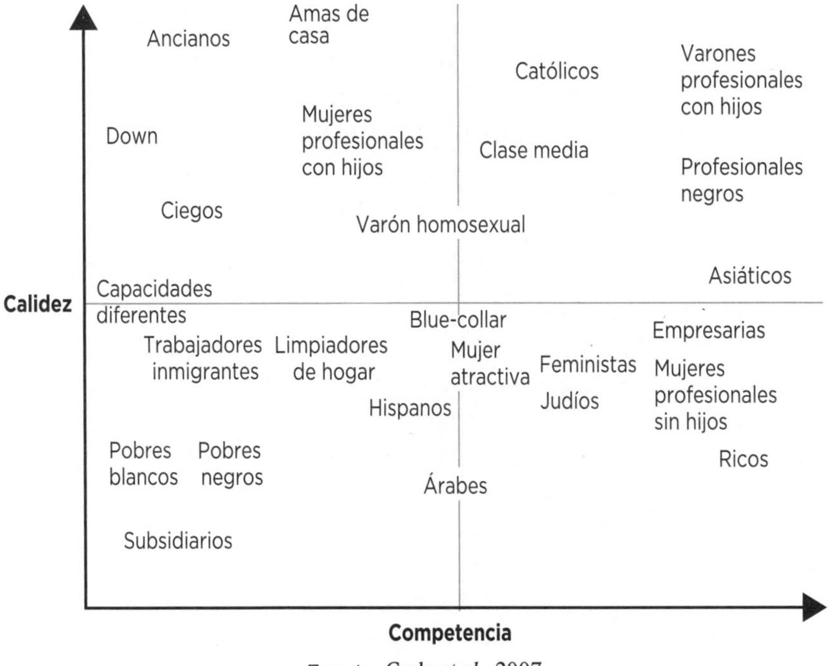

Fuente: Cudy *et al.*, 2007.

Los investigadores identificaron emociones específicas asociadas a las cuatro combinaciones diferentes de calidez y competencia. Los colectivos percibidos como cálidos y competentes, como la clase media, los cristianos y los estadounidenses (para los participantes estadounidenses), provocan admiración. Los colectivos vistos como cálidos e incompetentes, como los ancianos y las personas discapacitadas, provocan lástima. Los colectivos percibidos como fríos y competentes, como los ricos, los asiáticos y los judíos, provocan envidia. Y los colectivos discriminados vistos como fríos e incompetentes, como los inmigrantes indocumentados, las personas sin hogar y los beneficiarios de asistencia social, provocan desprecio.

Estas reacciones emocionales asociadas a los diferentes cuadrantes condicionan el modo en el que nos relacionamos y son relevantes para la gestión de la diversidad de raza, género y generacional en las empresas. Fiske descubrió que las personas tienden a percibir a los miembros de su propio grupo social como cálidos y competentes, mientras que perciben a los miembros de otros grupos sociales como fríos y competentes o cálidos e incompetentes. Este fenómeno implica que las personas etiquetemos a los demás por colectivos y los juzguemos en función de estereotipos y prejuicios y explica la mayor parte de las barreras a la diversidad en el entorno laboral, donde tendemos a juzgar a otros por variables como la edad, en lugar de por sus capacidades.

En lo que a edad se refiere, el término *generación* define a un grupo de personas que nacen en un período similar y viven acontecimientos históricos y culturales similares y, ahora, tienen que convivir hasta cuatro generaciones en nuestros entornos de trabajo: los *baby boomers*, la *generación X*, los *millennials* (Y), la generación Z (*centennials*). Hay quienes identifican hasta cinco cuando incluyen a los tradicionales (anteriores al *baby boom* que, en muchos casos, siguen en activo). Cada generación tiene su cultura, sus valores, sus ideales, sus conocimientos y habilidades, y hasta su propio idioma.

A la vista de la estructura demográfica de nuestra sociedad y el hecho de que las personas viven y trabajan durante períodos más largos, esta realidad es innegable e ineludible. Por lo tanto, resulta imprescindible gestionarla desde una perspectiva inclusiva para fomentar un clima de confianza, generar nuevas oportunidades y mantener nuestra competitividad en un mercado cada vez más globalizado.

2. ¿Quién es quién y qué etiquetas les ponemos?

No nos extenderemos en su descripción ya que, como hemos dicho, se trata de estereotipos que —lejos de acercarnos— nos alejan de la mirada inclusiva.

En el caso de los *baby boomers*, se les suele atribuir el sesgo de resistencia al cambio y un excesivo apego a las estructuras tradicionales. En contraste, la generación X se caracteriza por su individualismo y su escepticismo hacia las figuras de autoridad, aunque también son respetuosos con la sabiduría de los *baby boomers*. A los *millennials*, por otro lado, se les suele etiquetar con la idea de que piensan que todo lo que hacen es genial y que tienen una aversión a la autoridad. A los *centennials* se les atribuye un sesgo de ansiedad por la aprobación social y la idea de que todo lo que está en internet es verdad, lo que puede dificultar su capacidad de análisis y toma de decisiones críticas.

Estos estereotipos inciden en la percepción de la calidez y la competencia entre las diferentes generaciones. La generación X puede percibir a los *centennials* como menos competentes debido a su falta de experiencia, aunque cargados de buenas intenciones por lo que provocan indiferencia o lástima, mientras que los *millennials* pueden percibir a los *baby boomers* como menos cálidos debido a su estilo de gestión más autoritario generando en ellos la emoción de desconfianza. Por ejemplo, un gerente *millennial* puede subestimar las habilidades de un empleado Z o asumir que un empleado X no es capaz de adaptarse a la tecnología moderna, es decir, cálidos pero incompetentes, y tratar a ambos con condescendencia. Como consecuencia de ello, los estereotipos pueden limitar el potencial de los empleados y obstaculizar la innovación y la creatividad en la empresa.

Por eso, más allá de su edad o generación, debemos poner el foco en qué aporta cada individuo, cómo y en qué medida, para facilitar la inclusión, como herramienta de éxito, y optimizar el desempeño de nuestros equipos.

3. ¿Empezamos por quitar las etiquetas?

Si los términos generacionales moldean nuestro comportamiento, tal vez las etiquetas generacionales nos controlen más de lo que creemos. Pero ¿realmente las personas mayores pierden el interés por seguir aprendiendo? Y ¿es inevitable tener problemas de memoria y confusión a medida que envejecemos? Pensemos dos veces antes de asumirlo...

Si bien estamos de acuerdo en que la experiencia de crecer como *baby boomer* es, obviamente, muy distinta a la de la generación Z, al asignar a los *centennials*, por ejemplo, el carácter distintivo de activistas medioambientales adictos a TikTok, puede llevarnos a estereotipos exagerados y alimentar un círculo vicioso de simplificación ridícula. No podemos encasillar a personas tan diversas en una sola etiqueta sin correr el riesgo de imponer tales cualidades a todo el colectivo. Recientes estudios han demostrado un hecho interesante que podría cambiar las reglas —al menos mentales— de lo que creíamos hasta ahora: y es que los términos generacionales pueden dar FORMA al comportamiento de las personas, y no al revés[3].

Nuestra generación no nos define ni nos encasilla, al igual que cualquier otra categoría. Philip Cohen, sociólogo impulsor del neocolectivismo, destaca como nuestras experiencias y diferencias en origen, raza y tecnología también moldean nuestra conducta, no solo la edad. Por lo tanto, no nos clasifica ni define la generación a la que pertenecemos, como a casi nada que nos meta en una caja, compartimentada y sellada.

El peligro de polarizarse y generar enfrentamientos entre las personas en función de su edad o generación tiene un coste especialmente elevado en las compañías. Los colectivos casi nunca son homogéneos y esas etiquetas son las que tenemos que quitar, si queremos pensar en escenarios de futuro del trabajo sostenibles.

> «La edad es un tema de la mente sobre la materia.
> Si no te importa, no importa».
>
> Mark Twain

4. Manos a la obra

El talento no tiene edad, pero mientras estamos discriminándonos tanto por tener demasiados años como por tener demasiados pocos, desperdiciamos la oportunidad que conlleva trabajar con un amplio espectro de edades y sus beneficios, tanto emocionales como profesionales. Ninguno es más importante que el otro, todos nos complementamos desde la aportación de valor singular.

Como asegura Susan Fiske, los estereotipos se desmontan en la medida que te relacionas con personas de colectivos distintos al tuyo. Se trata de crear modelos transversales de participación entre genera-ciones trabajando en proyectos con enfoque intergeneracional. Pero, ojo, no basta con crear espacios intergeneracionales, así solo creamos entornos diversos multigeneracionales. Hay que impulsar la inclusión, pasar del multi- al inter- mediante la participación, la alineación hacia objetivos comunes, el conocimiento y el respeto mutuo, la cocreación, la influencia mutua, la cooperación, el aporte de igual a igual. Solo así mejoramos la convivencia y los resultados empresariales.

> «Cuando escuchamos y celebramos lo que es común
> y diferente, nos convertimos en una organización
> más sabia, más inclusiva y mejor».
>
> Pat Wadors, jefe de Recursos Humanos
> en LinkedIn

Desde los departamentos de Recursos Humanos, tenemos el gran reto de crear culturas más inclusivas, derribando los prejuicios, incluso más allá de la edad, con el fin de cumplir con los Objetivos de Desarrollo Sostenible 8 (trabajo decente y crecimiento económico) y 10 (reducción de las desigualdades). Y este reto puede desencadenar importantes transformaciones en las empresas.

Pero la realidad a la que nos enfrentamos es dura, un 40 % de los profesionales de recursos humanos admite descartar automáticamente a profesionales mayores de 55 años[4]. Un dato desalentador y, en cierta manera, llamativo, si tenemos en cuenta que uno de los principales ob-jetivos de cualquier área de talento es identificar personas que tengan las habilidades, conocimientos y experiencia que la empresa necesita. Lo que no recoge el estudio y, sin duda, impacta en la diversidad gene-racional, es el número de salidas de profesionales a partir de esa edad en forma —en el mejor de los casos— de prejubilaciones.

Para ello, desde los departamentos de Recursos Humanos tenemos que desarrollar una visión *people first*, es decir, volver la mirada hacia el talento sin más, sin tener en cuenta aspectos como la edad o el género.

1. **Trabajando de forma activa la diversidad, inclusión y equidad de las plantillas.** Resulta crucial que desde las áreas de talento se desarrollen acciones específicas encaminadas a incrementar la diversidad de los equipos ya que nos encontramos ante un momento donde el talento empieza a ser escaso. Sin duda, este aspecto está relacionado con los procesos de selección y los procesos de desvinculación.

   Pero no es suficiente. Esta diversidad se quedará en una mera declaración de intenciones, si no somos capaces de ir un paso más allá, es necesario generar la inclusión de las personas, entendida como la capacidad de integrar las diferencias de las personas en los equipos de trabajo. En este caso, tenemos que actuar sobre el estilo de liderazgo de la organización, puesto que directores y gerentes son quienes deben liderar de forma inclusiva.

   Y todo ello desde la perspectiva de la equidad y de la igualdad de oportunidades, garantizando procesos de desarrollo de talento justos, con puntos de control que eviten actuar en modo piloto automático y fomenten el compromiso, la motivación, la lealtad y el desarrollo del talento diverso.

2. **Potenciando el intercambio generacional.** Una de las claves para que las estrategias de diversidad e inclusión sean eficaces pasa por que las empresas desarrollen acciones específicas que faciliten el intercambio entre generaciones.

   Programas específicos de *reverse mentoring* donde personas de diferentes generaciones intercambian aspectos específicos acerca de su experiencia y conocimientos, acercando a generaciones con —*a priori*— grandes diferencias, para que puedan conocerse y encontrar puntos en común.

   Si hay algo que está evidenciando la actual diversidad generacional en las empresas es que, bien gestionada, los equipos son más eficaces y se enfrentan mejor a la complejidad de los momentos actuales.

3. **Garantizando procesos de selección, promoción y desvinculación sin sesgos.** Teniendo en cuenta que, según el informe de la Fundación Adecco (2022), el 83 % de los profesionales de Recursos Humanos no había contratado a ninguna persona de más

de 55 años, resulta más que evidente que los procesos de selección son una barrera de entrada, tal real como absurda, para el talento sénior en las empresas. Estos mismos prejuicios y sesgos están en los procesos de reestructuración en los que, a menudo, la edad es el criterio determinante para desvincular a personas.

Tanto para mayores como para jóvenes, la edad está asociada a un sinfín de sesgos negativos asociados también al rol a desempeñar. Algunos de los sesgos asociados a mayores de 45 años hacen que ni siquiera lleguen a la entrevista por edadismo. Se da por supuesto que están desactualizados en sus competencias, no se adaptan a los cambios y tienen altas expectativas salariales. Del mismo modo, los jóvenes son juzgados como intransigentes, con falta de compromiso, de motivación, etc. Por otro lado, también mantenemos sesgos inconscientes a la hora de aceptar a las generaciones más jóvenes en roles de responsabilidad, como gerente o entrevistador, restándoles credibilidad.

La toma de conciencia de estos sesgos en los procesos de selección, promoción o desvinculación y la adopción de algunas estrategias, como las cuotas o regla Rooney, se encaminan a reducir las barreras creadas para fomentar el talento sin generación en nuestras organizaciones.

4. **Promoviendo un liderazgo inclusivo.** Es esencial formar y sensibilizar en materia de diversidad generacional, e incorporar esta nueva competencia para eliminar esos sesgos inconscientes. Los líderes tienen un papel fundamental en la diversidad y la inclusión, en línea con las nuevas tendencias en liderazgo orientado a la persona. No podemos mantenernos en modelos del siglo XX, ya no hay excusas para liderar desde la colaboración y la confianza, donde la comunicación abierta y el compromiso son elementos claves y, sin duda, facilitan una gestión intergeneracional. En definitiva, no basta con ser líderes competentes, ahora tenemos que ser también cálidos, para lo cual debemos:

- **Tomar consciencia de los sesgos y prejuicios generacionales.** Saber cómo gestionar y liderar equipos multigeneracionales para superar las diferencias.

- **Comunicar abiertamente.** Crear un diálogo directo y sincero entre diferentes generaciones para que fluya el conocimiento y se generen sinergias.

- **Desarrollar la empatía entre diferentes generaciones.** Para que puedan entender las perspectivas y experiencias únicas de cada grupo.

- **Fomentar la colaboración.** Promover la participación entre diferentes generaciones, para que puedan trabajar juntos y aprender el uno del otro.

En definitiva, crear valor mejorando la densidad de talento es la gran apuesta para los recursos humanos; todas las generaciones aportan conocimiento y habilidades que impulsan el crecimiento de nuestra organización: aseguran el traspaso de conocimiento, en especial en puestos clave de la organización, optimizan los recursos y capacidades diferenciales de cada generación, gestionan el *onboarding* de jóvenes directivos; se puede aprovechar el impulso de los Y para reciclar a *baby boomers,* aprovechar la visión y experiencia de los *baby boomers* para desarrollar a los Y y Z y, sin duda, tender puentes entre las distintas generaciones.

Y, más allá de las corporaciones, hemos abierto una brecha cada vez más grande entre jóvenes, adultos y mayores, algo que no ocurría en otras épocas. En España, 13 de cada 100 personas de 65 años o más no tiene relación ninguna con sus familiares más jóvenes con los que no conviven y el 62 % no se relaciona con personas menores de 35 años que no sean familiares[5]. ¿Por qué los vínculos entre generaciones se están diluyendo? Deslocalización geográfica, neofamilias, parejas sin hijos, abuelos sin nietos...

Debemos ampliar esta sensibilidad a nuestro entorno social. Nos falta más contacto, más comunicación y más empatía entre generaciones para crear una sociedad más justa.

Así, todos y cada uno debemos *hackear* nuestro algoritmo para mejorar nuestras relaciones y nuestras acciones, tanto en el mundo laboral como fuera de él. Y nada mejor para ello que ampliar la perspectiva y enriquecer nuestra sabiduría, por encima de nuestras diferencias, es mucho más los que nos une. Ya dijo Aristóteles «El ser humano es social por naturaleza», venimos programados con este instinto y lo desarrollamos a lo largo de nuestra vida, pues, desde que nacemos, necesitamos de otros para sobrevivir. Una vez escuché a María Belón, conocida por sobrevivir junto a toda su familia al tsunami del océano Índico en 2004, narrar que, en lo peor de la tragedia, por encima de razas y religiones, sintió que de una forma u otra «todos somos hermanos». En realidad, se trata de volver a nuestra esencia como seres humanos, sin esperar a que nos lo pidan en nuestras organizaciones, todos ganamos si:

- Revisamos cómo juzgamos el mundo que nos rodea condicionados por nuestras lentes culturales.

- Tomamos consciencia de nuestra posición, en términos del círculo del privilegio, para abrir nuestra mirada a otras realidades.

- Identificamos nuestros estereotipos al etiquetar a las personas basándonos en una característica: edad, género, capacidad, etc., que de ninguna manera nos define.

    Somos seres únicos y, aunque hay características que nos distinguen, son muchas otras las que nos unen. Reinterpretemos el refranero español: «Ver, oír y callar para con nadie tropezar»:

- **Ver.** Abrir nuestra mirada al mundo más allá de nuestro día a día.

- **Oír.** Ampliar relaciones, conocer otras experiencias y puntos de vista.

- **Callar.** Para escuchar sin juzgar, con empatía, para aceptar las diferencias.

No perdamos la mirada limpia y la curiosidad del niño que todos llevamos dentro. Esto nos enriquece como personas y, sin duda, nos hace más cálidos y competentes a la vista de los demás.

13. El tsunami demográfico en España y el impacto en las pensiones de jubilación

Ana Matarranz
Directora general de Howden

1. Desafíos demográficos que impactan en la economía y la empresa en España

España se enfrenta a un tsunami demográfico caracterizado por el envejecimiento de la población y la disminución de la tasa de natalidad. Este fenómeno se atribuye principalmente al aumento de la esperanza de vida y a cambios en los patrones de fertilidad y comportamiento reproductivo de la población.

Por un lado, el incremento de la esperanza de vida ha sido uno de los logros más significativos en términos de salud y bienestar en España: mientras que en la década de 1950 la esperanza de vida de una persona de 65 años era de media de cinco años, actualmente se encuentra en torno a los veinte. Los avances en la medicina, la mejora de las condiciones de vida y el acceso a servicios de atención médica han contribuido a que las personas vivan más tiempo. Sin embargo, este aumento de la esperanza de vida también ha generado un desafío importante respecto al estado de bienestar.

A medida que las personas vivimos más tiempo, la proporción de la población de edad avanzada va elevándose, lo que se traduce en un mayor número de personas que alcanzan la edad de jubilación y requieren servicios de atención y cuidados. Esta situación tiene implicaciones tanto económicas como sociales, ya que supone una mayor demanda de recursos para la atención sanitaria, las pensiones y otros servicios relacionados con el envejecimiento de la población.

Por otro lado, se ha producido un descenso en el número de nacimientos y, por ende, de jóvenes debido a factores como el retraso en la maternidad, la —por fin— mayor participación de la mujer en el mercado laboral y los cambios en los valores sociales.

Teniendo en cuenta que nuestro sistema de seguridad social es de reparto, es decir, las pensiones de los pensionistas actuales son pagadas a través de las cotizaciones de los trabajadores actuales, esta situación tiene consecuencias importantes para el sistema y las finanzas públicas. El envejecimiento de la población significa que habrá menos personas en edad laboral que puedan contribuir al sistema de pensiones y a la financiación de los servicios públicos, lo que puede generar presión sobre las finanzas del Estado y requerir la implementación de medidas para garantizar la sostenibilidad del sistema de pensiones y la provisión de servicios de atención a la tercera edad.

Además, el tsunami demográfico también tiene implicaciones en otros ámbitos de la sociedad. Por ejemplo, la disminución de la población joven puede afectar a la fuerza laboral y a la capacidad productiva del país, lo que repercute en el nivel de ingresos de la Seguridad Social al no crecer las cotizaciones hasta los niveles esperados. Asimismo, se plantean retos en el ámbito de la familia y la atención a los adultos mayores, ya que puede haber una mayor dependencia de los servicios de cuidado y una reestructuración de los roles familiares.

Para hacer frente a este tsunami demográfico, es necesario implementar políticas y medidas que fomenten la conciliación entre la vida laboral y familiar, promuevan la natalidad y apoyen el envejecimiento activo y saludable de la población, además de desarrollar estrategias que garanticen la sostenibilidad de los sistemas de seguridad social, fomenten la participación de los mayores en la sociedad y promuevan la inclusión social.

El sistema de pensiones en España se basa principalmente en el primer pilar público (Seguridad Social), siendo hoy prácticamente testimoniales el segundo pilar (ahorro privado a través de la empresa) y el tercero (ahorro privado individual). Esto se debe a la elevada cobertura que ha ofrecido históricamente la Seguridad Social, pues España es uno de los países de la OCDE con mayor ratio de cobertura respecto al último salario: antes de implantar las reformas realizadas desde 2011, se encontraba en torno al 80 % de media, e incluso ha llegado a superar el 90 % en trabajadores con carreras laborales largas y constantes, sin lagunas en su cotización.

Esta alta cobertura, que nuestra esperanza de vida es de las más altas del mundo, el próximo incremento del número de jubilados derivados de la generación del *baby boom* y la baja natalidad hacen que nuestro sistema de pensiones, si bien resulta excelente en suficiencia, no obtenga la misma calificación en términos de sostenibilidad, lo que pone en peligro su viabilidad.

2. Frente al tsunami, soluciones

Para solucionar esta situación, en los últimos diez años se han llevado a cabo dos reformas de las pensiones públicas.

La primera (2011-2013) ponía el foco en la disminución directa del gasto de la Seguridad Social a través de medidas que retrasaban la edad de jubilación ordinaria y el importe de las pensiones públicas, como:

- **Aumento de la edad de jubilación ordinaria de 65 a 67 años para los trabajadores que no hayan cotizado 38 años y seis meses a los 65 años.** Este incremento se inició de forma gradual a través de un período transitorio que comenzó en 2013 y que finalizará en 2027.

- **Cambios paramétricos en el cálculo de las pensiones, ampliando el período de cálculo de la pensión de jubilación de los últimos quince años cotizados a los últimos 25.** Esta ampliación se realizó de forma gradual entre 2013 y 2022, y asimismo se amplió de 35 a 37 el número de años cotizados para tener derecho al 100 % de la pensión, con un período transitorio que empezó en 2013 y finalizará en 2027.

- **Inclusión del factor de sostenibilidad.** A través de este factor las pensiones de los nuevos jubilados se ajustan en función del incremento de su esperanza de vida respecto al de las generaciones pasadas, lo que disminuye el importe de la pensión inicial que percibirán los nuevos jubilados. Sin embargo, aunque estaba previsto que este factor de sostenibilidad entrase en vigor en 2019, su aplicación se ha ido retrasando y no se ha aplicado nunca.

- **Inclusión de un índice de revalorización de las pensiones en función de la situación financiera de la Seguridad Social.** De esta manera, con déficit de la Seguridad Social las pensiones se revalorizan como máximo un 0.25 % anual y en situaciones de superávit el incremento anual puede alcanzar el IPC + 0.50 %.

Se estimaba que estos cambios producirían una disminución de las pensiones reales entre un 10 y un 20 %.

En la segunda reforma (2021-2023) se eliminaron el factor se sostenibilidad y el índice de revalorización de las pensiones y se volvió a la revalorización de las pensiones conforme al IPC. Para garantizar la sostenibilidad del sistema de pensiones, se puso el foco en una disminución indirecta de los gastos, así como en un incremento de los ingresos a través de mayores cotizaciones, destacando las siguientes medidas:

- **Mayores penalizaciones a las jubilaciones anticipadas voluntarias y mejoras en los incentivos al retraso de la edad de jubilación.** El objetivo es que la edad de jubilación real converja con la de jubilación ordinaria teórica.

- **Incremento del período de cálculo de la pensión de jubilación a los mejores 27 años de los últimos 29.** Para la aplicación de esta medida se ha establecido un período transitorio que empezará en 2026 y acabará en 2037 y, adicionalmente, en 2040. Si el cálculo de la base reguladora es mayor con el criterio actual (últimos 25 años), se tomará este. Por tanto, este cambio, al menos hasta 2040, solo podrá mejorar las pensiones respecto a la situación actual.

- **Aumento de los ingresos vía cotizaciones a través de tres medidas (Real Decreto Ley 2/2023):**

  ○ Mecanismo de equidad intergeneracional. Entró en vigor en 2023 y por él se incrementan las cotizaciones un 0.60 % (un 0.50 % la empresa y un 0.1 % el empleado), porcentaje que se aumentará anualmente un 0.10 % hasta 2029, cuando se establecerá en un 1.20 % (un 1 % la empresa y un 0.2 % el empleado).

  ○ Cuota de solidaridad para los importes de retribución que superen la base máxima. Esa cotización dependerá de los ingresos totales y puede llegar hasta el 7 %. Comenzará a aplicarse en 2025 y tiene un período transitorio hasta 2045, por lo que la aplicación de esta cotización adicional será muy progresiva.

  ○ Aumento de la base de cotización máxima entre 2024 y 2050 conforme al IPC + 1.20 %, mientras que la pensión máxima crecerá entre 2025 y 2050 al IPC + 0.115 %.

Es importante mencionar que todas estas reformas, principalmente la última, son objeto de debate y preocupación, ya que numerosos estudios independientes estiman que en el futuro el desequilibrio entre las cotizaciones y los gastos previstos se incremente, por lo que estas reformas no garantizarán la sostenibilidad del sistema de pensiones y se tendrán que llevar a cabo en el futuro nuevas reformas adicionales.

3. Influencia sobre las generaciones

Si analizamos el efecto de estas reformas en los futuros jubilados, debido a que su implantación se ha llevado a cabo en distintos momentos y con períodos transitorios (que en ocasiones llegan hasta 2045), podemos observar que el efecto esperado en las cuatro generaciones que actualmente se encuentran en el mercado laboral es muy distinto.

Los *baby boomers* se encuentran en una situación clave en lo que respecta a su pensión de jubilación. Muchos ya han alcanzado o están cerca de alcanzar la edad de jubilación, lo que significa que se hallan en el momento de hacer uso de los beneficios que han acumulado a lo largo de sus carreras laborales.

La generación de los *baby boomers* será la primera a la que se le apliquen íntegramente las medidas que siguen en vigor de las reformas de 2011 y 2013, como el incremento de la edad de jubilación de los 65 a 67 años si no se ha cotizado 38 años y seis meses o el cálculo de la pensión de jubilación con los últimos 25 años cotizados. Por tanto, se espera que las pensiones iniciales que reciban sean inferiores en comparación con las de las generaciones anteriores.

Respecto a las medidas adoptadas en las reformas de 2021 y 2023, esta generación se beneficia de la eliminación del factor de sostenibilidad y del retorno de la revalorización de las pensiones al IPC. El efecto en el incremento de las cotizaciones resulta muy limitado debido a que su implantación será muy progresiva, en un período temporal muy largo.

En cuanto a la generación X, se encuentra actualmente en una etapa clave en relación con sus pensiones de jubilación. A medida que sus miembros se acercan a la edad de jubilación, surgen preguntas sobre las consecuencias de las reformas y los cambios en los sistemas de seguridad social en sus pensiones porque, cuando esta generación comience a acceder a la jubilación, la mayoría de las medidas destinadas a aumentar los ingresos a través de mayores cotizaciones según lo definido por el Real Decreto Ley 2/2023 ya se hallarán en su mayoría implementadas. Sin embargo, la mayor parte de la generación del *baby boom* estará jubilada en ese momento, lo que podría ejercer una presión significativa en el sistema público.

Por ello la generación X debe estar informada y ha de planificarse adecuadamente su futuro financiero. Deben considerarse otras opciones complementarias de ahorro para la jubilación, como los planes de pensiones privados o el ahorro personal, para poder compensar la pérdida de poder adquisitivo que podría resultar de la aplicación de nuevas reformas al sistema destinadas a garantizar su sostenibilidad, como la reducción del importe de las pensiones públicas.

De la generación Y *(millennials)* se espera que comience a acceder al sistema público de pensiones a mediados de la década de 1940, a menos que se implementen nuevas reformas en el sistema de pensiones. Es en ese momento cuando el sistema se encontrará en su máximo punto de tensión, ya que los nuevos jubilados de la generación Y empezarán a convivir con los jubilados de la generación de los *baby boomers* y de los X, encontrándose el número de cotizantes que aportan al sistema de la seguridad social para su financiación en sus niveles más bajos por la baja tasa de natalidad y el menor número de población en las generaciones Y y Z.

Además, la generación Y se caracteriza por tener un perfil laboral diferente, con una mayor presencia en trabajos precarios, temporales o de autoempleo, lo que puede influir en la capacidad de cotización y, por tanto, afectar al monto de la pensión de jubilación que recibirán en el futuro.

En este contexto, en el futuro la generación Y se enfrentará a desafíos nunca vistos antes en el cobro de sus prestaciones de jubilación. Es posible que tenga que hacer frente a futuras reformas del sistema de pensiones que impliquen nuevos cambios en la edad de jubilación, en los requisitos de cotización y en los cálculos de las pensiones, lo que puede recortar sus ingresos.

Por ello, el futuro de las prestaciones de jubilación para la generación Y dependerá en gran medida de las políticas y reformas implementadas en el sistema de pensiones, así como de las decisiones individuales en cuanto a la planificación financiera y el ahorro personal. En consecuencia, si bien es difícil predecir con certeza cómo será el cobro de las prestaciones de jubilación para la generación Y, es importante ser conscientes de los retos actuales del sistema de pensiones y tomar medidas para planificar y asegurar un futuro financiero sólido, considerando opciones de ahorro complementarias y manteniéndose informados sobre las políticas y reformas relacionadas con las pensiones.

Por último, para la generación Z, la situación de las pensiones de jubilación es incierta y está sujeta a diferentes factores y cambios en el sistema de pensiones.

Cabe recordar que el sistema de reparto depende de la contribución de los trabajadores en activo para financiar las prestaciones de los jubilados. Por tanto, la capacidad del sistema para proporcionar pensiones adecuadas en el futuro dependerá del equilibrio entre el número de trabajadores cotizantes y el de personas jubiladas.

En el caso de la generación Z, aún es temprano para determinar cómo se verán afectadas sus prestaciones de jubilación en el futuro. Los cambios en el sistema de pensiones, como la posibilidad de aumentar la edad de jubilación, ajustar los requisitos de cotización o introducir nuevos mecanismos de financiación, así como la evolución de la población española en un horizonte temporal a largo plazo a través de cambios en los patrones de natalidad o de inmigración, podrían tener implicaciones en la cantidad y calidad de las pensiones que recibirán en el futuro.

Es importante que la generación Z sea consciente de la importancia de la planificación financiera y el ahorro personal para asegurar su bienestar económico a largo plazo, especialmente ante la incertidumbre en relación con las pensiones de jubilación.

Además, es posible que en el futuro se produzcan cambios en el sistema de pensiones, incluyendo la posibilidad de combinar el sistema de reparto con mecanismos complementarios de ahorro, como los planes de pensiones privados. Estas medidas pretenderían garantizar la sostenibilidad y viabilidad del sistema de pensiones y brindar opciones adicionales de ahorro para las nuevas generaciones.

Si nos centramos en la reforma del Real Decreto Ley 2/2023 aplicado en las distintas generaciones que conviven en las empresas, según un estudio realizado por Howden sobre la convivencia de las cuatro generaciones en las compañías para analizar los cambios normativos en las pensiones de jubilación, es evidente que el efecto de esta reforma varía entre ellas.

Para realizar este estudio se han tomado como base cuatro trabajadores pertenecientes a las distintas generaciones que actualmente se encuentran en el mercado laboral:

- *Baby boomer:* un trabajador nacido en 1963.
- Generación X: un trabajador nacido en 1975.
- *Millennial:* un trabajador nacido en 1987.
- Generación Z: un trabajador nacido en 1999.

Y se ha considerado la hipótesis de que todos se incorporaron al mercado laboral a los 23 años y que se jubilarán a los 65 años, con el 100 % de la pensión de jubilación.

Adicionalmente, el estudio también contempla y adapta la esperanza de vida de cada generación estableciendo las siguientes hipótesis:

- *Baby boomer:* 83.25 años.
- Generación X: 83.85 años.
- *Millennial:* 84.45 años.
- Generación Z: 85.05 años.

Respecto a su vida laboral y sus cotizaciones, se consideran cuatro escenarios, con un histórico de retribución total en función de las siguientes tablas:

Tabla 13.1 Salario anual (importes constantes a 2023)

Edad	Escenario 1	Escenario 2	Escenario 3	Escenario 4
25	25 000	25 000	30 000	30 000
30	30 000	30 000	40 000	45 000
35	32 500	40 000	50 000	60 000
40	35 000	50 000	60 000	75 000
45	37 500	55 000	70 000	90 000
50	40 000	60 000	80 000	105 000
55	42 500	66 245	90 000	120 000
60	45 000	73 140	99 367	132 490

Nota: Todas las cifras que se muestran a continuación se encuentran en euros constantes a 2023, actualizado al IPC, considerando un IPC en 2023 del 3.90 %, en 2024 del 3.40 % y desde 2025 del 2 %.

Calculando la pensión de jubilación de la Seguridad Social a los 65 años, obtenemos los siguientes resultados:

Gráfico 13.1 Cálculo inicial de las pensiones de la Seguridad Social

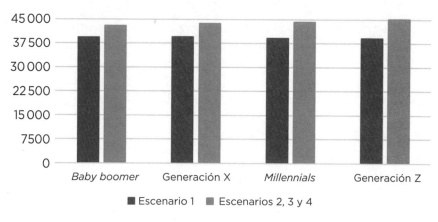

Fuente: Howden Iberia.

Se puede observar que en el escenario 1, en el que los trabajadores no cotizan por la base máxima, la pensión de jubilación de todas las generaciones será muy similar, ligeramente inferior según avanzan las generaciones, pero con una disminución no significativa.

Por el contrario, en los escenarios 2, 3 y 4, en los que los trabajadores cotizan por la base máxima parte de su vida laboral, percibirán la pensión máxima establecida en cada momento, siendo ligeramente superiores en términos constantes según avanzan las cotizaciones debido a los incrementos por encima del IPC que ha establecido el Real Decreto Ley 2/2023 en el cálculo anual de la pensión de jubilación máxima.

Si realizamos una comparativa del acumulado de cotizaciones a la Seguridad Social por contingencias comunes, desempleo, FOGASA y formación profesional que asumen el trabajador y la empresa durante toda su vida laboral y con el acumulado de pensión de jubilación que percibirá desde que se jubila a los 65 de forma vitalicia, considerando la esperanza de vida indicada anteriormente, los resultados son los siguientes en cada escenario:

Gráficos 13.2, 13.3, 13.4 y 13.5 Escenarios de cotización

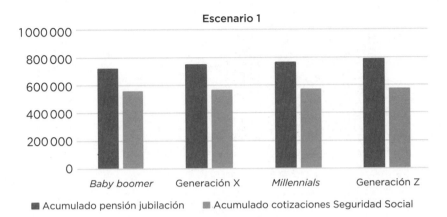

Escenario 1

■ Acumulado pensión jubilación   ■ Acumulado cotizaciones Seguridad Social

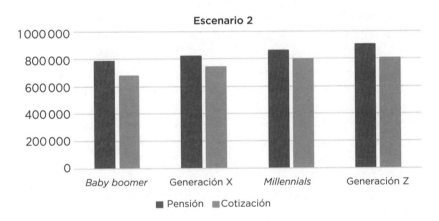

Escenario 2

■ Pensión ■ Cotización

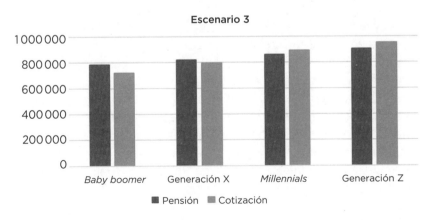

Escenario 3

■ Pensión ■ Cotización

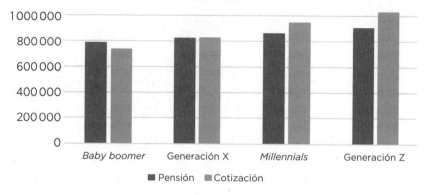

Escenario 4

Baby boomer   Generación X   *Millennials*   Generación Z

■ Pensión   ■ Cotización

Fuente: Howden Iberia.

En el escenario 1, con trabajadores que no cotizan por la base máxima en ningún momento, podemos observar que, según avanzan las generaciones, tanto el acumulado de cotizaciones pagadas a la Seguridad Social durante la vida laboral como el acumulado de pensión de jubilación vitalicia esperada que percibirán se incrementan ligeramente, manteniéndose la proporción entre ingresos y gastos que se establece en todas las generaciones. Por tanto, en este caso, el efecto del Real Decreto Ley 2/2023 no es significativo.

En los escenarios 2, 3 y 4, con trabajadores que cotizan por la base máxima en algún momento de su vida laboral, apreciamos que, mientras que en todas las generaciones el acumulado de pensión de jubilación vitalicia esperada se mantiene en niveles similares, incrementándose ligeramente según avanzan las generaciones por el aumento de la esperanza de vida y el incremento de la pensión máxima que se ha comentado anteriormente, las cotizaciones a la Seguridad Social que tendrán que abonar empresa y trabajadores se incrementan significativamente según avanzan las generaciones debido al efecto del crecimiento de la base de cotización máxima en un 12 % adicional respecto al IPC entre 2024 y 2025. Además, este efecto se incrementa según aumenta el salario del trabajador por la implantación de la cuota de solidaridad que entrará en vigor en 2025 y de forma escalonada hasta 2045, cuando su implantación sea del 100 %, lo que incrementará las cotizaciones por encima de la base máxima de cotización, resultando mayor esta cotización cuanto mayor sea el salario.

4. Conclusión

El Real Decreto Ley 2/2023 incrementa la carga en cotizaciones a la Seguridad Social que tendrán que soportar las futuras generaciones, principalmente la Y y la Z, especialmente en quienes coticen por bases máximas, sin que suponga una mejora en las pensiones que percibirán al jubilarse.

El panorama de las pensiones de jubilación para las diferentes generaciones en España es incierto y depende de múltiples factores. El último real decreto se ha basado en incrementar el gasto de las empresas y de los trabajadores aumentando las cotizaciones adicionalmente a las anteriores normativas donde se endurecen las condiciones para tener acceso a una pensión acorde con el último salario en activo, lo que conllevará que las generaciones actuales más jóvenes (generaciones Y y Z) aporten al sistema más que las generaciones más mayores (*baby boomer* y generación X) sin tener mejoras en las pensiones de jubilación.

Cada reforma del sistema de pensiones recorta un poco más las condiciones actuales. Por tanto, es vital y urge tomar decisiones a nivel individual en materia de planificación financiera. Resulta fundamental estar informado, organizarse y ahorrar para asegurar el bienestar económico en el futuro.

En este contexto, desde Recursos Humanos de las organizaciones se debe desempeñar un papel activo en el tránsito de la etapa activa a la jubilación:

- **A través de la formación y concienciación.** Hay que formar a los trabajadores en el funcionamiento de la Seguridad Social e informarles de la descobertura que tendrán al jubilase, concienciándoles de una manera profesional del problema de las pensiones e instruyéndoles en las acciones que deben tomar para atajar ese problema.

- **Apoyando y fomentando el ahorro a la jubilación.** Pero no solo a través del diseño y la implantación de planes de pensiones de empleo, en los que las empresas tendrán que realizar contribuciones a favor de sus trabajadores, sino también con otros instrumentos, como los seguros de ahorro flexibles, productos de ahorro colectivos con ventajas fiscales que los trabajadores no pueden conseguir de forma individual y con los que podrían incrementar su rentabilidad financiero-fiscal en más de un 20 % respecto a productos individuales.

14. Nuevos tiempos, nuevos líderes

Enrique Arce
Director de Soluciones de Consultoría en Retribución
y Beneficios en Compensa en Howden y patrono de
la Fundación Diversidad

Los del *baby boom* nos estamos jubilando y muchos nos preguntamos qué legado dejamos, si lo que hemos hecho por la sociedad tendrá continuidad en las siguientes generaciones o si quienes nos sustituyen tendrán que cambiar su forma de hacer política, dirigir empresas, competir en el deporte, etc. También nos preguntamos si dentro de veinte años nos cuidarán mejor, peor o igual que lo hemos hecho nosotros con nuestros mayores.

1. El nuevo panorama

La tan ansiada vuelta a la normalidad poscovid tuvo lugar, pero con algunos cambios. Perdimos un año de esperanza de vida entre 2020 y 2022 —en 2019, era de 80.86 años para los hombres y de 86.22 años para las mujeres—, pero en 2023, según datos proyectados del INE, la hemos recuperado, llegando a los 81.32 años para los hombres y 86.44 para las mujeres. Además, debido a la pertinaz bajada de las tasas de natalidad, en un futuro próximo los mayores de 60 años seremos una población numerosa, con el convencimiento de que podremos seguir aportando valor y con cierto poder adquisitivo. Sin embargo, existe cierto temor a ser marginados ya que apenas se diseñan productos y servicios de consumo ni servicios asistenciales pensados para ese grupo de edad.

Sin haber superado la crisis del 2011, llegó la pandemia mundial y sin superar esta llegó la guerra de Ucrania y el consiguiente deterioro económico: alta inflación, carestía de la vivienda, deterioro del ahorro... y, aunque vemos con cierto optimismo nuestras pensiones, no vemos las de nuestros hijos. Si viven más allá de los 90 años, será necesario reformular el sistema.

La familia tiene todo el aspecto de perder su cualidad de refugio. Las diferentes formas de familia distintas a la tradicional (monoparentales, padres o madres del mismo sexo), que estén más dispersas (movilidad internacional de los jóvenes) y menos cohesionadas (hermanos de distintos padres) provocará una menor atención al mayor y un incremento en la deriva de estos a los centros de mayores. Y eso nos preocupa profundamente.

Los antropólogos y los científicos dicen que el ser humano está diseñado para vivir 70 años. Todo el tiempo que vivimos por encima de esa edad es vida ganada gracias a los avances médicos y asistenciales, es vida extra. Sin embargo, aunque es una extraordinaria noticia, este logro no es gratis. En esa vida extra se destapan enfermedades que antes no se veían, como el alzhéimer y otras formas de deterioro cognitivo para los que la medicina todavía no tiene respuestas. La medicina avanza, pero queda por desarrollarse en el terreno de la salud mental, que se ve afectada por la incertidumbre de trabajo (desempleo, subempleo), la falta de un proyecto de vida, las relaciones efímeras no consolidadas o el decremento de los contactos presenciales y el aumento de los virtuales. La salud mental será un gran desafío en todas las edades, pero en los más mayores se agravará porque seremos más, se sabe menos y todavía no estamos del todo preparados para su cuidado, como se demostró en los centros de mayores durante la pandemia.

Los seres humanos somos seres sociales. En la era poscovid los contactos han visto modificada su naturaleza, sobre todo, las relaciones profesionales (más teletrabajo, menos eventos). Los más afectados fueron los más mayores por su bajo dominio en el uso de las nuevas tecnologías. Si ya en las redes sociales *ghosting* es un fenómeno social no deseado y al alza, el efecto en los entornos laborales tuvo mayor impacto en los de más edad y ello significa pérdida, sobre todo, de conocimiento tácito, el que no está en las bases de datos. Los mayores son los más vulnerables al olvido, al aparcamiento con el riesgo que ello conlleva de etarismo (discriminación por edad).

Nos proponen mundos paralelos (metaverso) que los más mayores miramos con suspicacia y los más jóvenes con entusiasmo. La idea parece ser buena, pero ¿para qué?, ¿aprendizaje?, ¿ocio y entretenimiento?, ¿relaciones sociales, comerciales...? La bondad de la virtualidad está en la colaboración, la predicción de escenarios, etc. El riesgo de la virtualidad está en la desafección, el aislamiento y la autocomplacencia.

Las disrupciones tecnológicas y las genialidades propias de los jóvenes mejorarán la vida de todos si ponemos cabeza al progreso. El desarrollo tecnológico es la manifestación máxima del progreso al servicio de la sociedad y también de la gestión empresarial que provoca el crecimiento de las poblaciones, algo obligatorio para la supervivencia. Sin embargo, que la enorme cantidad de información que manejamos nos llegue a gran velocidad, que sea tan variada y su veracidad tan irregular, provoca que su recepción no garantice por sí sola la toma de decisiones acertadas. La información, sin el conocimiento que aporta la interpretación respaldada por la experiencia, es solo un conjunto de datos que tiene poco valor.

Si Sócrates volviera a nacer se enfurecería más de lo que en él era habitual. El filósofo griego, que no veía nada bueno en los libros[1], nos tacharía de presuntuosos ignorantes porque creemos saberlo todo y no sabemos nada. Es probable que nos dijera: «No os basta con haber inventado la escritura para que ahora inventéis internet». Sócrates creía que la escritura provocaba el olvido porque nos hace descuidar la memoria. Creemos que el saber reside en la escritura y en los libros, pero no es verdad: por más que le preguntes a un libro siempre te dará la misma respuesta. El saber está en la reflexión, no en los libros. ¿Qué decir de internet? Tenemos mejor memoria para recordar dónde están las cosas que para las propias cosas. A medida que dominamos sitios web, pódcast, blogs o ChatGPT, creemos que dominamos el conocimiento, pero en realidad solo dominamos la información, los datos o, mejor dicho, dónde encontrar los datos. El famoso experimento de Wegner[2] quiso demostrar que tendemos a recordar mejor dónde está el dato que el dato mismo y que valoramos más la cantidad de información que el conocimiento que proporciona la reflexión sobre la información. Según Wegner, nos tranquiliza saber que el dato existe (en un libro, en internet, en la cabeza de un amigo) y gracias a esta memoria transactiva nuestros esfuerzos por saber son cada vez menores. Sócrates tenía parte de razón, aunque si nos lo encontráramos por la calle le podríamos decir que gracias a los libros que otros han escrito hoy sabemos de él y sus enseñanzas.

2. Líderes de siglo XIX

El siglo XIX fue el del obrero, el XX el del trabajador empleado, el XXI será el del colaborador por cuenta propia que pone sus competencias al servicio de quien le contrate. El World Economic Forum ya señalaba en 2016 en su informe *The future of jobs. Employment, skills and workforce strategy for the fourth industrial revolution* que los negocios digitales no requieren de gran capital ni de mano de obra para tener más valor en el mercado (costes de almacenamiento: 0; costes de transporte: 0; costes de replicación: 0) lo que supondrá la pérdida de puestos de trabajo.

Las grandes corporaciones, que antes lograban economías de escala y que ahora están dando lugar a unidades más pequeñas y especializadas con un tipo de empleo más flexible y muy orientado a objetivos, darán lugar al despliegue de la economía colaborativa, que conllevará encargos puntuales en un mercado de habilidades y competencias (*gig economy*) donde se valorarán las habilidades cognitivas para proyectos no rutinarios, porque del resto se encargarán, en mayor o menor medida, los robots.

Muchos entienden que se desarrollarán mercados de alta intensidad en grandes ciudades, caracterizados por ser centros de decisión donde están las ideas y las competencias de alto nivel; donde se tenderá al trabajo en remoto y a desaparecer la oficina por ser un modelo viejo, tradicional y caro. Todo ello obligará a saber armonizar la distancia física y la proximidad psicológica: las ciudades tradiciones para las familias tradicionales; las ciudades inteligentes para nuevas formas de familia.

Quienes dirijan las organizaciones durante esta década y la siguiente tienen ahora entre 38 y 51 años y corresponden a la generación X. Nacieron y fueron adolescentes durante la movida; dieron la bienvenida a internet y son aquellos que salieron y volvieron del extranjero con un máster y sabiendo otro idioma. Superan a la generación anterior en formación académica y acumulan más experiencia internacional. Al comenzar el siglo XXI, les habían prometido que el futuro era suyo. No ha sido así. Muchos se sienten excluidos (X de exclusión) y nos lo reprochan. Están más orientados a los objetivos y a proyectos y menos a la presencia; son competitivos y, sin ser nativos digitales, manejan la tecnología sobradamente. Son menos fieles a la empresa y a la vez son quienes las están dirigiendo o les queda muy poco para hacerlo.

Los de mi edad aceptábamos más la autoridad porque no sabíamos de liderazgo y cuando hemos tenido que liderar lo *hemos* aprendido a empujones. Quienes lideren el futuro próximo deberán ver atractivo el desafío. Si son hábiles, sabrán rodearse de los de más edad y aprovechar el legado que dejan, pero a la vez deberán liderar jóvenes, quizá, no tan transgresores como ellos, pero sí más independientes y menos fieles.

El reto seguirá siendo el mismo: atraer, fidelizar y comprometer, y todo ello requiere gastos e inversiones. Ganar promotores y reducir el número de detractores para obtener un e-NPS (*employee net promoter*) que dé una idea de la capacidad de retención con valor, será como se mida la capacidad de liderazgo. La tecnología da acceso constante e inmediato a otras ofertas de trabajo y no resulta fácil controlar la tentación. Solo una propuesta de valor (PVE) más poderosa que la de la competencia puede actuar de freno. Los beneficios sociales (flexibles y no flexibles), las medidas de conciliación bien gestionadas (eficaces y eficientes), las opciones de aprendizaje y un entorno rico en experiencias son claros desafíos para que el coste retorne en beneficio.

Conocer métricas como *employee lifetime value* ('valor de vida de un empleado') para saber el tiempo que podemos esperar que la inversión en un profesional revierta en valor para la empresa es una medida del éxito en la selección, la formación y la acogida. Gran parte del enfoque estará sobre el *onboarding*, un proceso que persigue la adaptación de la persona acelerando el punto de equilibrio entre el coste y el beneficio neto reduciendo la probabilidad de abandono. Quienes lideren en el futuro deberán dominar tanto la métrica como el proceso, con la supervisión de un gestor o gestora de Recursos Humanos.

El talento puede definirse como las competencias, conocimientos, habilidades, etc., al servicio de un objetivo (empresarial, de negocio...). La búsqueda de talento seguirá siendo una batalla por atraer a los mejores, pero no tienen por qué ser solo hombres jóvenes caucásicos. El talento también es intergeneracional y está al margen del género, la procedencia y la orientación sexual.

La competencia más valiosa probablemente será la capacidad de desaprender para volver a aprender porque la demanda de habilidades y conocimientos se transforma en poco tiempo. *Upskilling y reskilling* serán desafíos para todos.

En el mencionado informe del World Economic Forum de 2016 ya se anunciaba como podrían evolucionar las nuevas ocupaciones y lo estamos comprobando:

Tabla 14.1. Ocupaciones según rutina y destreza

		Cualificaciones altas
No Rutina	Cualificaciones medias y altas Sustituibles por tecnología *Conductor, médico*	No sustituibles por tecnología *Desarrolladores de software, analista de datos, educadores, asistenciales*
Rutina	Cualificaciones bajas Muy sustituibles por tecnología *Clasificador en cadena de montaje*	Cualificaciones medias Muy sustituibles por tecnología *Cajero de banco*
	Destreza manual	**Destreza cognitiva**

Quien lidere deberá saber de robots, pero sobre todo deberá saber gestionar destrezas no cognitivas no rutinarias. Entre otras:

- Capacidad para tomar decisiones en situaciones de incertidumbre y basadas en la experiencia.

- Capacidades sociales como la empatía y la influencia.

- Capacidad para desarrollar ideas novedosas.

- Capacidad de aprendizaje en una alta variedad de contextos.

3. Liderazgo intergeneracional

Se podría decir que cada generación es fruto de las anteriores más un plus de innovación psicológica, social y tecnológica, producto de la rebeldía propia de la edad. Aristóteles se quejaba de que los jóvenes eran irrespetuosos, que no dejaban sitio en la mesa a los mayores.

La generación del *baby boom*, nacida y crecida en los años sesenta y setenta, fue educada por los veteranos, que habían nacido en la guerra civil y crecido en la posguerra. Estos nos inculcaron valores religiosos, ambición social, un espíritu de superación y respeto por la autoridad. Sin embargo, se sintieron incómodos con la llegada de la televisión y el aterrizaje en la Luna, eventos que a los *baby boomers* les parecían normales. También se sintieron incómodos con la liberación de la mujer y nunca vinieron a vernos jugar al fútbol a los chicos ni a la fiesta de Navidad donde bailaban las chicas (al revés hubiera sido peor para ellos). Nosotros somos padres de *millennials* y la historia se repite.

La juventud es un período de ansias, de carreras locas, pero son necesarias para saber correr. La juventud se reúne, se agrupa como colmenas donde todos se alimentan de todos (pandillas, cuadrillas, botellón). Todos se miran y descubren, se observan y se emulan. Si en medio del grupo alguien sobresale con una cualidad, como lo hace una montaña en una cordillera, surgen la admiración y la envidia y ello estimula a los demás. Bill Gates o Steve Jobs dieron alas a los emprendedores porque demostraron que es posible ser un genio.

No ha habido generación que lo haya tenido más fácil que otra. Como decía Friedrich Hebbel: «Cuando no nos falta el vino, nos falta la copa». Nunca se tiene todo. Comparar generaciones no resulta ni práctico ni útil. Según relata Zweig[3], a principios del siglo XX y hasta la Primera Guerra Mundial, un joven de 20 años podría sentirse más libre y con más posibilidades de hacer uso de su individualidad que en épocas posteriores si tenía dinero. Podía viajar sin pasaporte, podía cultivar sus aficiones y sentía libertad de pensamiento hasta la llegada de las grandes ideologías: fascismo y socialismo. Sin embargo, en otros aspectos como la atención sanitaria y la crudeza moral dejaron en el camino a muchos jóvenes entre los 17 y 25 años, justo cuando se descubre la pasión, el vigor, la atracción natural. En aquel principio de siglo quizá podría viajar quien tuviera dinero, pero solo lo hacían los chicos. La asfixia causada por la represión sexual y el temor a las consecuencias crearon personas inseguras, moralistas y enfermas de sífilis y otras enfermedades que la ciencia evitaba investigar debido a que el sexo no era materia de investigación y la sociedad lo ocultaba en los burdeles y en el inconsciente. Freud tenía consulta llena de personas reprimidas.

En términos generales, la riqueza de un equipo intergeneracional reside en dos cosas. En la fluidez de las ideas de la persona joven, que la mayor cristaliza, y en la capacidad de la mayor de convertir en conocimiento la información que la joven encuentra. Las generaciones Y y Z son privilegiadas por haber nacido digitales, pero necesitan del paso del tiempo para que la información a la que acceden puedan relacionarla y categorizarla.

En función de la edad de quien lidera y de quien es liderado, se pueden identificar algunos escenarios con culturas bien distintas:

Tabla 14.2. Líderes y liderados según generaciones

		LIDERAN		
		BB	**X**	**Y-Z**
LIDERADOS	**BB**		• Aprovechar la memoria histórica • Ejercitar *empowerment* • Vigilar etarismo hacia el mayor • Formar en TI	• Clarificar objetivos • Vigilar la ambición del BB
	X	• Clarificar objetivos • Facilitar conciliación de la vida familiar y profesional • Ejercitar *empowerment* • Aprovechar formación e idiomas		• Metodologías *agile* • Aprovechar el uso de cuadros de mando (KPI, *dashboard*) • Facilitar emprendimiento • Proporcionar información
	Y-Z	• Fortalecer capital estructural • Clarificar tareas • Proporcionar *feedback* • Flexibilizar tiempo y espacio • Tolerar la rotación • Vigilar etarismo hacia el joven	• Clarificar carrera profesional • Aprovechar la creatividad • Aprovechar el uso de las RR. SS. • Aprovechar la búsqueda de información • Impulsar encuentros informales	

- **Baby boomers liderando X.** La generación X está bien formada, sabe idiomas y es muy autónoma. Dirigirla requiere, sobre todo, clarificar objetivos, no la tarea; el logro, no la presencia. Ejercitar el *empowerment* aporta más valor que la supervisión estrecha.

- **Baby boomers liderando Y y Z.** Estas generaciones son más propensas a la trasgresión de los procedimientos, por lo que cuidar el capital estructural (los procedimientos) es clave. Dirigirlas requiere clarificar tareas (no tanto objetivos) y proporcionarles *feedback* que siempre reclaman. Reúnen las habilidades con la tecnología y las redes sociales, por lo que pueden formar en su uso a las generaciones más mayores. No son fieles a la empresa y se les retiene por su hambre de conocimiento y la disponibilidad de tiempo para el ocio. El *mentoring* inverso es una estrategia válida para provocar contactos intergeneracionales. Debe cuidarse el progreso profesional, derribando el techo que impide al joven y a la joven desarrollarse.

- **Y liderando baby boomers.** Las personas de la generación *baby boom* reúnen la memoria histórica de la empresa y son poseedoras de un gran capital relacional: ambos activos deben cuidarse. Además, guardan el conocimiento tácito sobre productos, servicios y formas de hacer, todo eso que no está documentado y que debe protegerse. La formación en el uso de nuevas tecnologías es un requisito para no descolgarlos. Funcionan mejor apelando al esfuerzo.

- **Y liderando X.** Exige compartir información. Pueden ser equipos de alto rendimiento en el contexto de las metodologías *agile* y en el manejo de cuadros de mando. Estos equipos se benefician del carácter emprendedor de ambas generaciones.

El desafío principal recae en la generación X que son quienes lo tienen ya encima de la mesa. A lo sugerido en la tabla 14.2, podríamos añadir:

- Evitar el sexismo y etarismo cuidando las actitudes y expresiones, por ejemplo, disponiendo de un lugar donde recoger expresiones deseadas frente a no deseadas.

- Provocar encuentros periódicos de formación en ambas direcciones. Funcionan los paneles por generaciones para concienciar de lo que gusta y no gusta; la invitación a participar a los jóvenes en comités de dirección donde se toman grandes decisiones; el proporcionar el liderazgo conjunto de proyectos a tándems sénior-júnior; y el compartir espacios de trabajo para que se vean trabajar mayores a jóvenes y viceversa.

- Recoger testimonios de buenos momentos de ejemplos de colaboración y comportamientos admirables entre generaciones.

- Dirigir a los jóvenes con instrucciones claras y dirigidas a objetivos, mucho *feedback* inmediato y no extenso. También dar tareas con contenido tecnológico y actuar de *rol model* en el manejo de formas (trato a cliente, entrevistas con otros, etc.).

Los demás cruces no suponen diversidad generacional, pero sí definen la cultura. Cuando la media de edad es alta, los mayores dirigen mayores y no hay diversidad se dan culturas muy estables, casi inmovilistas, donde la jerarquía está muy presente y el *puenteo* muy mal visto (organigramas de larga longitud de mando y estrecho *span* de control). Por su parte, las culturas de jóvenes dirigiendo jóvenes son abiertas, impulsivas, geniales, muy emprendedoras, pero en muchas ocasiones sucumben a la desorientación estratégica y se muestran como mal usuarias de los procedimientos por la cantidad de transgresores.

4. Conclusión

No intentes resolver un problema complejo de negocio reuniendo solo a las personas más listas y de la misma edad que piensan igual, porque puedes dar con el error más inteligente; hazlo con personas diversas y de distinta edad que piensan distinto, alcanzarás una solución quizá menos brillante pero más válida. Los grupos homogéneos suman, los heterogéneos, multiplican. El reto está en desplegar todas las opciones de respuesta. Es cuando se produce la capacidad de innovar útil.

El mejor contexto es el de la admiración mutua. Si tenemos más confianza podemos mejorar la productividad. En entornos libres, poco reglados, la productividad es óptima cuando el grado de diversidad también lo es. Conviene recordar que la diversidad pierde todo su potencial y es tan pobre como la propia homogeneidad cuando provoca ruptura de identidades.

Decía Bertrand Russell que los ingredientes para ser feliz son por este orden: disponer de medios suficientes para la miseria (patrimonio financiero, ahorro), buenas relaciones sociales (patrimonio social, familia) y éxito en el trabajo (patrimonio competencial, formación). Con el permiso del señor Russell añadiríamos un cuarto patrimonio, la resiliencia o capacidad de adaptarse a los vaivenes de la vida. Para liderar ayuda a satisfacer los cuatro patrimonios: salario, conciliación, empleabilidad y experiencias. Nada nuevo y siempre un reto, pero ahora observando a cada generación.

15. Profesional de alto rendimiento

Director de Wellbeing en Howden Iberia y exjugador
de baloncesto profesional

1. La satisfacción está en el objetivo cumplido

Mi nombre es Fran Murcia y soy, he sido y siempre seré un deportista de alto rendimiento. No por ello debo entrenar seis horas al día, participar en dos competiciones semanales, viajar constantemente ni mi vida tiene que girar siempre alrededor de una profesión como la del deportista de élite.

He dedicado casi el mismo tiempo al deporte profesional que al mundo de la empresa. Veinte años de aprendizaje, frustración, alegría, superación y motivación en una cancha de baloncesto y otros tantos en el mundo de la empresa.

Eso sí, cuando me retiré tuve claro que no iba a dedicarme a vender filtros de camiones o a crear proyectos de viviendas. Tenía claro que debía devolver al mundo todo ese aprendizaje que mi vida de atleta me había regalado. Y aquí estoy.

No soy ese consultor o asesor de bienestar que te va a recomendar que camines 10 000 pasos diarios o que realices una actividad física cinco minutos al día o que fabriques pensamientos positivos todos los días. No porque sea malo, sino porque soy un fiel creyente de que todos tenemos un deportista de alto rendimiento dentro y tan solo tenemos que encontrarlo para conseguir la mejor versión de cada uno.

Realmente, ¿qué significa ser un deportista de alto rendimiento? Ser una persona que vive su profesión con pasión, experiencia y en búsqueda de la excelencia. No basta con hacerlo bien, tienes que ser el mejor. Aplicando esto a la vida laboral, crea un sentido único. Si buscáramos la excelencia en todo lo que hacemos, viviéramos nuestro trabajo con pasión, entrenáramos el aprendizaje cada día, para ser la mejor versión de nosotros mismos, seríamos trabajadores de alto rendimiento y nuestro día a día sería mucho más satisfactorio. En definitiva, creo que aportaríamos un granito de arena para crear un mundo mejor.

Si algo echo de menos de mi vida de profesional en el baloncesto, desde luego no son las pretemporadas matadoras ni los entrenamientos llevados al límite, sino la competición, la satisfacción de haber conseguido el objetivo, ese último esfuerzo para alcanzar la meta o esa sensación de agotamiento justo antes de lograrla. Pero, sobre todo, si algo echo en falta, es la satisfacción de «ganar», el objetivo conseguido, el triunfo de todo un equipo, de todo un club y de toda una ciudad. Eso mismo lo he buscado en el mundo laboral y la verdad es que no hay nada comparable: que mi trabajo sea apasionante y transmitir esa pasión a mis compañeros cada vez que conseguimos cerrar un proyecto.

2. El deportista que todos llevamos dentro

Voy a intentar convencerte de que, al igual que en el deporte, la vida profesional tiene etapas en las que se progresa desarrollando *soft skills* mientras se van perdiendo otras. Aunque los escenarios son distintos, la carrera profesional y la carrera deportiva guardan mucho paralelismo, tanto que podríamos hablar del deportista o de la deportista que todos llevamos dentro.

Existen cuatro etapas en la vida laboral en cuanto a las *soft skills*, que cambian conforme se progresa: motivación, resistencia, habilidad y experiencia. Cada una de estas etapas tienen sus propias características que vamos a ver a continuación.

Primera etapa: Becario

Más que persona para todo, sugiero ver al becario o becaria como a deportistas que aún no han llegado a ser profesionales, pero convive con ellos y entrenan, aprenden cada día y albergan el sueño de tener ficha de profesional.

Si tuviéramos que caracterizar esta etapa de acuerdo con las *soft skills* que hemos sugerido, podríamos darle los siguientes valores:

Gráfico 15.1 Porcentaje de la *soft skills* iniciales al inicio de la carrera profesional

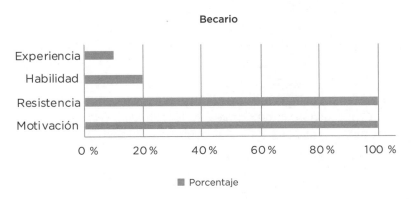

Se trata de un perfil que acaba de terminar su formación y le llega la hora de la verdad. Es el momento de usar lo aprendido (más conocimientos que habilidades) aplicándolo al día a día. Y esto exige mucha energía. Su experiencia es muy limitada. Tanto el júnior de ese equipo de competición como ese joven que acaba de salir de su máster encuentran que la tarea que deben realizar no se parece a lo que les habían contado. Lo que realmente tienen delante es una torre de 2.20 metros que se comporta de forma impredecible, como el cliente o el jefe del que nunca le hablaron.

Como en el caso del joven deportista, el valor del becario en prácticas reside en la resistencia (física y mental) y en la motivación. Además, ambas deben ser modeladas por la humildad: lo aprendido, aun siendo útil, puede que no esté actualizado o resulte insuficiente. Lo aprendido se convierte en valor cuando se transforma en habilidad gracias al entrenamiento, la práctica y la observación, pero es necesaria una actitud humilde para convertir el conocimiento en destreza.

Aún recuerdo mi primer entrenamiento con el primer equipo en el CAI Zaragoza. Tenía delante a todos mis ídolos, Fernando Arcega, Indio Díaz, José Luis Llorente, etc. No estaba especialmente asustado ni impresionado, pero recuerdo que sentía una presión indescriptible por no fallar y me faltaba el aire. Sentía que todo iba mucho más rápido, no podía creer que la velocidad en la que transcurrían las jugadas fuese así. Cuando todavía estaba llegando a la zona de ataque, todos los jugadores regresaban a la defensa. ¿Qué estaba pasando? «¡Bienvenido al primer equipo!», me gritó alguno de mis compañeros.

Creo que hoy soy lo que soy por mi primera etapa profesional, tanto deportiva y como laboral. Esta es una de las etapas más bonitas que recuerdo, es la etapa de la formación y del aprendizaje. Todo lo que interioricemos en esta fase nos marcará el futuro.

Alcanzar el bienestar holístico en esa fase es relativamente sencillo. A continuación, enumero una serie de *tips* para cada uno de los cuatro ámbitos principales —físico, emocional, social y financiero— y cómo aplicarlos.

- **Físico.** En esta etapa preocupa menos la salud y más la estética y el tener un desnudo playero bonito para destacar y atraer las miradas de los demás. Se realizan deportes más competitivos y no se vigila especialmente la alimentación porque haciendo deporte ya se logra estar en forma sin demasiado esfuerzo. El fondo físico está en su máximo esplendor y se disfruta llevando su cuerpo al máximo. El becario no tiene miedo a nada, se cree intocable y no piensa que pueda lesionarse por lo que es más irresponsable.

  Aunque no sea deportista de élite, en el plano físico, el becario, pleno de facultades, no debería descuidar la alimentación (comer lo que se quiere sin saber tan siquiera las consecuencias) y el sueño (despreciar el descanso por la ajetreada vida social).

Como decía un gran entrenador serbio que tuve: «Lo que hagas hoy no lo notarás hasta mañana».

- **Emocional.** Al becario pocas cosas le perturban. La meditación es aburrida. Las mayores preocupaciones suelen ser las sentimentales y eso del psicólogo es por si estás loco. Eso de que lo que comemos afecta al sistema nervioso central... «¿Perdooona? No me rayes». El mundo es controlable y no tiene secretos, pero las cornadas que da la vida dejan huella.

  El joven, deportista o analista de datos, debe saber interpretar los éxitos y los fracasos y a esta edad puedes tener trazas de *crack*, pero no eres un *crack* y tanto los aciertos como los errores son propios. No le eches la culpa ni a las zapatillas, ni al jefe, piensa si te has esforzado los suficiente.

- **Social.** Para el becario nada tiene sentido si no es compartido, «de eso tenéis que aprender los veteranos». Hace deporte para pasarlo bien y le encanta apuntarse a todas las competiciones que surgen. Competir para ganar y ser admirado. Necesita imperiosamente colgar en las redes sociales sus fotos en el espejo del gimnasio. Pasan el mismo tiempo entrenando que mirando si les han dado *like*. Es algo tan adictivo que despierta en el cerebro los mismos neurotransmisores que activan el sexo, el alcohol o las drogas.

  La red de contactos que comienza a conformarse siendo becario será en gran parte el fondo de comercio del mañana. El orden de preocupación debería ser: familia, amigos, compañeros de trabajo, LinkedIn y, luego, Instagram y TikTok.

- **Financiero.** Aquí sí que la hemos liado. «No me digas que piense en ahorrar, no me preocupa nada más que tener mi dinero para salir, cenar o viajar y el futuro no existe». De becario se vive al límite y se adapta el estilo de vida a los ingresos que se tienen.

En el mundo laboral pasa parecido. Cuando ganas una buena «ficha» no se piensa en la retirada, solo en lo que vas a hacer hoy, ahora, *now*. La vida es muy larga y la caja de las pensiones está amenazada y, aunque sea difícil pensar en la pensión, con 24 años deberíamos pensar en los 80. Mi consejo es: gástate todo lo que ganes hasta los 28 años luego ahorra hasta los 70 para llegar a los 90 sin depender de tus hijos.

En mi caso, cuando cumplí 30 años y aún estaba jugando en ACB, llamé a mi agente para que me ayudara a ahorrar para mi jubilación deportiva. Su respuesta fue contundente: «¿Por qué no has venido con 20 años?». Ocurre exactamente igual que en el mundo laboral, pero con edades diferentes. Las personas suelen preocuparse por su jubilación a partir de los 45 años., cuando no queda mucho margen de ahorro para tener una jubilación relajada.

En definitiva, la etapa de becario es maravillosa, no hay que dejar de disfruta, pero hay que pensar hoy quién quieres ser mañana. Estás a tiempo.

Segunda etapa: Jugador júnior, profesional joven

Es una etapa fantástica de asentamiento, aprendizaje, pasión y energía máxima por la que hemos pasado todos.

Gráfico 15.2 *Soft skills* del profesional júnior

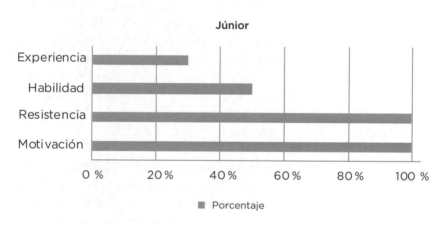

Se mantienen intactas la motivación y la resistencia y se gana en experiencia y habilidad. La similitud entre el deportista y el joven profesional sigue dándose. Ambos persiguen objetivos iguales, buscan alcanzar metas, superar obstáculos y crecer en sus respectivos campos.

Estas son algunas características de esta etapa maravillosa del desarrollo profesional en el deporte y la empresa:

- **Establecimiento de metas.** Tanto el jugador de baloncesto júnior como el joven trabajador tienen la necesidad de establecer metas claras y alcanzables. Ambos deben identificar qué quieren lograr a corto y largo plazo para poder trazar un plan de acción y trabajar en consecuencia. Un proyecto sin objetivo es algo desordenado y carece de motivación.

  En este punto juega un papel clave la persona que haga de mentor. Tiene que ser alguien con la suficiente diferencia de edad como para diferenciar lo que el joven es ahora y lo que puede llegar a ser. El mentor ayuda a ver un futuro que el joven en ese momento no ve. Pone al servicio del joven la predicción y el horizonte en el largo plazo.

- **Desarrollo de habilidades.** Si el establecimiento de metas es cosa del mentor, el desarrollo de habilidades es tarea del entrenador, del *coach*. El *coach* corrige, insiste, apremia a repetir, repetir y repetir para desarrollar la habilidad. El jugador de baloncesto joven busca mejorar sus habilidades técnicas, tácticas y físicas, mientras que el trabajador júnior busca adquirir nuevas habilidades profesionales y conocimientos relevantes para su campo. En ambos casos el horizonte es el corto plazo, el próximo proyecto o partido.

- **Trabajo en equipo.** Tanto en el baloncesto como en el entorno laboral, la colaboración y el trabajo en equipo son fundamentales. Uno de los primeros aprendizajes del jugador júnior de baloncesto es confiar en los compañeros, comunicarse eficazmente y adaptarse a diferentes roles dentro del juego. De la misma manera, el joven profesional debe desarrollar la capacidad de leer lo que hacen los compañeros para participar de forma efectiva, añadiendo valor y contribuyendo al logro de los objetivos comunes. Si algo aprendí en esta maravillosa etapa sobre el trabajo en equipo es que, si falla uno, fallan todos y, si gana uno, ganan todos. No hay nada en la vida, o al menos no lo he encontrado, que haga que sientas que tus compañeros son parte de ti, hasta el punto de que sus brazos y sus piernas parecen los tuyos. He llorado viendo a un compañero sufrir y también viéndolo triunfar. El baloncesto me volvió empático hasta el punto de sentir lo que mis hermanos en la cancha sentían.

- **Resiliencia y superación de obstáculos.** Tanto en el baloncesto como en el mundo laboral, se encuentran obstáculos y desafíos en el camino hacia el éxito. El jugador júnior de baloncesto se enfrenta a lesiones, derrotas y momentos difíciles, pero por esperado no deja de tener efecto en el ánimo. El problema del desánimo es que, si no se supera, se incrementa la probabilidad de fracasar, te sales del partido. El joven profesional también se enfrenta a contratiempos y desafíos en su trabajo, y necesita cultivar la resiliencia y la capacidad de adaptación para superarlos.

Todo el mundo habla de resiliencia como si fuera algo relativamente nuevo. Sin embargo, en el deporte de élite la resiliencia es clave y te hace ser más y más fuerte cada día. Algo que me he traído del deporte a mi vida laboral es la capacidad de reinventarme y, por alguna razón, hace que siempre dé la mejor versión de mí mismo.

Tercera etapa: Sénior

Es la etapa en la que somos equilibrio. Quizá con una gráfica lo veamos mejor:

Gráfico 15.3 *Soft skills* del profesional sénior

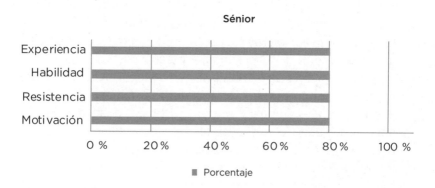

212

Así es, somos equilibrio. Un entrenador que tuve me dijo que yo era como un pastor alemán, un 10 en nada, pero un 8 en todo. Este es el momento en el que somos eso, un notable en todo. Somos experiencia y motivación, pero también somos habilidad y aguante. Es el mejor momento si hablamos de productividad. Es la etapa en la que reunimos experiencia y sabiduría para alcanzar la excelencia y se nos pide ser mucho más que buenos, debemos ser los mejores.

En el mundo del baloncesto, los jugadores veteranos son reconocidos por su experiencia, sabiduría y capacidad para enfrentar desafíos. De manera similar, en el entorno laboral, los trabajadores en la etapa sénior poseen un conocimiento profundo de su campo y una valiosa experiencia acumulada a lo largo de los años.

Vamos a desarrollar un poco la historia:

- **Experiencia, conocimiento y toma de decisiones.** Tanto el jugador de baloncesto veterano como el trabajador en la etapa sénior han acumulado una valiosa experiencia a lo largo de sus carreras. El jugador de baloncesto ha participado en ligas, campeonatos, selecciones nacionales y mucho más, enfrentado diferentes situaciones de juego y ha aprendido a tomar decisiones estratégicas basadas en su experiencia. Del mismo modo, el trabajador sénior ha enfrentado una variedad de desafíos en su campo laboral y ha desarrollado un conocimiento profundo que solo se obtiene con el tiempo. Estamos en un momento en el que sabemos más por lo que hemos triunfado y fracasado que por las interminables horas de entrenamiento o estudio y hemos desarrollado la capacidad de entender el juego, el proyecto, de una forma más intuitiva, sin detenernos tanto en los detalles. Anticipamos movimientos y tomamos decisiones estratégicas basadas en su experiencia y conocimiento.

- **Liderazgo.** Somos y debemos ser mentores de los jóvenes. Los jugadores de baloncesto veteranos se convierten en líderes dentro de sus equipos, sin elegirlo, brindando orientación y apoyo a jugadores más jóvenes. A veces no lo sabemos, pero nos observan. Otras veces, nos piden consejo. Sea como fuere, el desarrollo del jugador júnior y la efectividad del equipo ganan por la aportación del sénior y el valor que aporta es conseguir que otros lo logren. De manera similar, los trabajadores séniores pueden desempeñar roles de liderazgo en sus lugares de trabajo, compartiendo su experiencia y brindando mentoría y *coaching* a sus colegas más jóvenes. Su capacidad para transmitir conocimientos y ayudar en el desarrollo de otros es inestimable. Ya no somos solo responsables de nuestros actos, también lo somos de aquellos que nos miran y quieren ser como nosotros.

- **Adaptabilidad y resistencia.** Tanto en el baloncesto como en el mundo laboral, la capacidad de adaptarse a nuevos desafíos y resistir la presión es fundamental. Los jugadores de baloncesto veteranos han aprendido a ajustar su juego en función de las circunstancias cambiantes, afrontar la fatiga y mantenerse en forma a pesar del paso del tiempo. Los trabajadores sénior también demuestran su adaptabilidad al enfrentar cambios en la industria y desarrollan la resiliencia necesaria para superar obstáculos. Vivimos en un entorno cambiante hasta el punto de que el aleteo de una mariposa en un extremo del mundo produce un tsunami en el otro. Precisamente gracias a que podemos comparar momentos distintos en el tiempo, cosa que los jóvenes no pueden hacer, los séniores se dan cuenta de que sin adaptación seremos fruto de la frustración por no poder cambiar aquello que no depende de nosotros. En la cancha no puedes intentar hacer que las cosas ocurran como tú quieres, juegas y compites contra personas que no harán aquello que tengas programado.

- **Legado y trascendencia.** Los jugadores de baloncesto veteranos a menudo dejan un legado duradero en el deporte inspirando a futuras generaciones y siendo recordados por sus logros y contribuciones. Aquella canasta, aquel tapón, pueden dejar una huella indeleble de las que otros podrán aprender. En el caso del profesional sénior la cosa no es muy diferente: dejará textos y decisiones tomadas que quizá sean explicadas en los cursos de formación.

Cuarta etapa: Empieza la cuenta atrás

Para explicar esta etapa, voy a aprovechar mi experiencia de los últimos días de mi carrera de baloncestista para aprender yo mismo de nuevo y mostrar a las personas que están en esta etapa que es una generación que desafía los límites impuestos por la edad. Yo los llamo la generación *dreamers*.

¿Qué es un *dreamer*? Es una persona que está en esa época en la que los demás (la grada en baloncesto, tu entorno en el mundo laboral) te ven viejo. Lo siento, pero no tengo otra palabra mejor para definirlo. Realmente, eres experiencia, ilusión, energía y ganas, aunque hayas perdido resistencia. Eres grande en todos los sentidos. Solo necesitas saber dos cosas: tú decides quién eres y tú conoces tus limitaciones para superarlas.

Gráfico 15.4 *Soft skills* del profesional *dreamer*

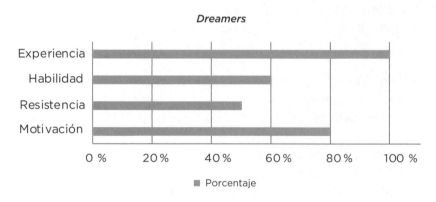

Esta generación se niega a dejar de soñar. Son deportistas que están a punto de jubilarse y también trabajadores de empresas que superan los 50 años. Son personas que han demostrado que el paso del tiempo no es un obstáculo para alcanzar metas ambiciosas y se mantienen activos en sus respectivos campos con determinación y pasión y redefiniendo las expectativas asociadas con la edad.

¿Por qué los *dreamers* se rebelan?

- **Porque rompen los estereotipos.** Los *dreamers* desafían los estereotipos que rodean la edad y demuestran que se puede seguir siendo competitivo y exitoso incluso después de alcanzar cierta etapa de la vida. Tanto en el deporte como en el ámbito laboral, están demostrando que la experiencia y la sabiduría acumulada pueden ser ventajas significativas, y que la edad no tiene por qué limitar sus logros.

- **Porque siguen teniendo metas.** A medida que se acercan a la jubilación o alcanzan cierta edad en sus carreras, los *dreamers* encuentran una nueva motivación para establecer y alcanzar metas desafiantes. No se conforman con simplemente retirarse o conformarse con lo logrado, sino que se reinventan a sí mismos y se esfuerzan por nuevos desafíos y logros significativos.

- **Porque son competitivos.** Tanto los deportistas como los trabajadores experimentados poseen una valiosa experiencia que los diferencia de las generaciones más jóvenes y esto les pone en una actitud ganadora. La experiencia les brinda una perspectiva única y un conjunto de habilidades que pueden utilizar en su beneficio y en el del equipo.

- **Porque siguen aprendiendo.** Los *dreamers* comprenden la importancia de adaptarse a los cambios y seguir aprendiendo en sus respectivos campos. Aceptan nuevos desafíos, adquieren nuevas habilidades y se mantienen actualizados en un mundo en constante evolución. Su disposición a aprender y adaptarse les permite mantenerse relevantes y competitivos. Me encanta la frase que una vez me dijo mi capitán en el CAI Zaragoza, Fernando Arcega: «¿A tu abuelo le vas a enseñar a hacer hijos?». ¿Quién era yo para intentar enseñar a mi gran capitán algo que él no solo lo había aprendido, sino que lo había vivido?

- **Porque inspiran a las nuevas generaciones.** Los *dreamers* son una fuente de inspiración para las generaciones más jóvenes. Al demostrar que la edad no es una barrera para el éxito y la realización personal, motivan a otros a perseguir sus propios sueños y desafiar los límites impuestos por la sociedad. Piensa en la responsabilidad que tienes de hacer aquello que los demás van a aprender.

3. La convivencia

Recuerdo mi última etapa en las canchas. El entrenador me sacaba solo en los momentos en los que el partido se estaba volviendo loco. En esos casos todo es azar y puede ganar cualquiera. Eso pasa y pasa mucho. En casos así, la experiencia tiene más valor al aportar serenidad, cabeza y orden. La locura desorienta. En ese momento el sénior es quien aporta sosiego, claridad y comunicación. En el ámbito profesional pasa algo parecido cuando ante un proyecto (lanzamiento de un producto, implantación de un sistema, acometida de un mercado, etc.) las cosas se descontrolan. En estas situaciones vale más la serenidad que la agresividad y lo recomendable es devolver al banquillo a algún joven para sacar a un sénior.

La situación contraria también se da. El partido puede requerir agresividad (bien entendida) porque las circunstancias (el equipo contrario, la situación en la tabla, etc.) obligan a una clara toma de la iniciativa y del ataque. Aquí es donde recae el peso en el joven.

Es más eficaz la diversidad que la homogeneidad de un equipo dadas las circunstancias cambiantes de un campeonato de liga o de un ejercicio fiscal. Un equipo diverso en edad no solo garantiza el relevo también facilita respuestas diversas.

4. Era excelente y me volviste mediocre

En una de nuestras conversaciones hiperproductivas con mi compañero y amigo Enrique Arce, me comentaba el daño que se le hace a una persona con un cambio de puesto, supuestamente similar, cuando lleva años trabajando en el mismo, aportando mucho valor. Por ejemplo, un trabajador que está haciendo una función de gestión interna y le cambian a una función de *front office*.

Enrique me contó un caso muy representativo —que vemos a continuación, contado por él mismo— y enseguida me di cuenta de que en mi trayectoria como baloncestista profesional viví una experiencia similar.

Yo era un jugador valorado por mi coraje y capacidad física dentro de la zona. No era muy alto para mi posición, pero conseguía fajarme, por mi habilidad, velocidad y tipo de juego, con «torres» mucho más altas que yo. Tenía, además, algo que aportaba mucho valor a mi equipo y era que sacaba de la zona al tío más grande del otro equipo para que no les corriera a triples. Esto hacía que se abrieran huecos en la zona y mis compañeros se aprovechaban.

Un año, cuando cambié de equipo y me fui al entonces TAU Vitoria. El entrenador de aquella época me presentó al concurso de tiro que se organizó en un torneo en León. No se me olvidará en la vida.

¡¡Lo gané!! Y algo que era motivo de alegría pasó a convertirse en una de las peores épocas de mi dilatada carrera profesional. El iluminado de mi entrenador decidió que, con ese tiro, yo pasaría a jugar en la posición de 3 (alero) y el 3 pasaría a 4 (ala-pivot).

El cambio no debía ser algo tan dramático, pero sí lo fue. Al menos para mí. Ya no me defendía el grande, sino un alero; ya no tiraba en estático, sino en movimiento; ya no jugaba de espaldas, sino de frente. Y lo que es peor, ya no me partía los cuernos defendiendo a un 210 cm de altura. Ahora, aunque mucho más rápido, era más bajito. La cosa no tardó en torcerse y pasé tres meses chupando banquillo hasta que decidí aceptar la oferta del Joventut de Badalona donde el entrenador sí conocía mis habilidades y cómo volver a hacerme un jugador excelente. Era excelente y me volví mediocre.

Y ahora, Enrique... la cancha es tuya.

«Gracias Fran. Conocí a una extraordinaria mánager de Recursos Humanos que pasaba de los 35 y se encargada de gestionar salarios y beneficios para todos los profesionales de una gran consultora. Sus competencias eran admirables y su relación con el cliente interno, fantástica. Era resolutiva, eficiente, creativa y muchas cosas más. Un buen día, alguien decidió que podría hacer un gran papel como consultora de recursos humanos y se le propuso el cambio a una posición de mayor visibilidad y salario. ¡Error!

No había duda de que ella sabía de gestión de personas, y así lo demostraba, pero no conectaba con los clientes. Se desorientaba en sectores distintos a los que ella estaba acostumbrada y aunque comprendía muy bien los acuerdos y convenios de los clientes, sus recomendaciones no lograban ajustarse a su cultura y muchas veces pasaba por alto el modelo de negocio del cliente. Aun siendo cauta, educada y de trato fácil, en ocasiones se mostraba poco flexible por el convencimiento y seguridad que tanto la había valido como mánager de Recursos Humanos. Era excelente y la volvieron mediocre. La historia acabó saliendo de la firma de consultoría y ocupando la posición de gestora de Personas en otra firma.

Creo que estos cambios y siguiendo las etapas que nos propone Fran, pueden ser positivos en las etapas más jóvenes cuando la experiencia y las habilidades se están desarrollando, es decir, de joven profesional, pero no cuando se es sénior».

5. Conclusión

Cada etapa en la vida profesional, ya sea en la deportiva o laboral, tiene algo que no se repetirá. Cada una es maravillosa porque precisamente tiene un final. Adaptarte y no dejar que los demás decidan quién eres será importante para ser excelente. Porque los límites te los pone el intentar hacerlo.

Pero siempre habrá ciertas actitudes que harán que encuentres el equilibrio entre la productividad y la osadía:

- Ponte siempre en modo *training*. Nunca dejes de aprender ni de entrenar.

- Respeta, aunque no estés de acuerdo. Tu opinión no es la única y a menudo aprenderás de otros, independientemente de la edad.

- Busca la excelencia. Tu mejor versión no es la que tienes, hay otra que aún no conoces.

- *#Nolimits*. Que nadie te diga que no puedes, en todo caso tendrás que descubrirlo tú mismo.

Y si tuviera que definir tu bienestar en tres palabras serían las populares: salud, dinero y amor.

- **Salud.** Física y emocional. Cuídate hoy para hoy y para mañana.

- **Dinero.** Piensa en el dinero que necesitarás hoy y el que necesitarás para mañana.

- **Amor.** Tus relaciones sociales son fundamentales en el bienestar 360º. Enamórate de la vida, de los amigos, de tu pareja y de tu familia. El amor es infinito y la generosidad de amar te hará mejor persona y profesional.

Y como decía un gran entrenador que tuve: «Suerte para los que no saben, para los que sabemos, justicia».

Parte 4

BUENAS
PRÁCTICAS

16. La importancia de la propuesta de valor

Susana Blasco
Directora de Compromiso y Experiencia en
Zurich Seguros

1. ¿Cuánto hemos cambiado?

Si revisamos las ofertas de trabajo que se hacían en las empresas hace veinte, diez o incluso cinco años, ¿diferirían mucho de las que ofrecen ahora las compañías a los candidatos?

En la mayoría de las empresas probablemente no: las ofertas siguen conteniendo básicamente beneficios valorables como salario en especie (seguro médico, seguro de vida, tiques restaurante, coche, etc.), además de incluir que el ambiente de trabajo es agradable y que incorporarse a la compañía supone una superoportunidad de formar parte de una empresa líder en un sector dinámico.

Sin embargo, las prioridades, los criterios de valoración y las condiciones que motivan actualmente a las personas para trabajar en una u otra empresa están ya lejos de únicamente considerar los beneficios tradicionales y del reclamo del sector dinámico y excitante. Los candidatos buscan teletrabajo, flexibilidad, conciliación, cargas de trabajo razonables y un propósito de la empresa ajustado a sus valores personales. Y estos criterios están subiendo en la escala de prioridades a la hora de vincularse a un proyecto de una forma mucho más acelerada de lo que las compañías están adaptando sus propuestas de valor.

Y es que muchas siguen funcionando con prácticas laborales del siglo XX, basadas en presencialismo, control y jerarquización, ignorando el avance de la tecnología y los cambios sociales y de estilo de vida que se están produciendo, que estaban ahí desde hace tiempo y la pandemia ha acelerado. Siguen pensando que los candidatos se deben amoldar a las propuestas y los sistemas de gestión de las empresas obviando que las circunstancias están evolucionando y que es cada vez más la persona quien elige a la empresa y el proyecto, y no a la inversa.

Quizás todavía la mayoría de las personas no expresan o preguntan sobre esos beneficios. El entrevistador o futuro responsable podrían interpretarlo como falta de motivación o interés por el puesto (como preguntar por el horario), pero cada vez más personas, especialmente las más jóvenes, con las ideas muy claras, empiezan a lanzarse sin tapujos a pedirlo como requisito para unirse a un proyecto. Y el hecho de que no lo pidan las personas más mayores no significa que no lo quieran.

La desincronización entre los criterios para unirse a un proyecto y lo que ofrecen las empresas es patente, incluso en el teletrabajo, donde parecía que habría menos debate.

Una vez superada la pandemia, no está tan consolidado y empieza a haber muchas voces que muestran las desventajas del trabajo remoto y la necesidad y conveniencia de que las personas vuelvan a la oficina.

Muchas compañías no se sienten preparadas o simplemente no quieren o no comprenden esa evolución y se niegan a arriesgarse a hacer cambios estructurales en su cultura o en sus formas de trabajar para adaptarse a las necesidades individuales de las personas, sin darse cuenta de que estos cambios son ya imparables. Y es que estamos en un momento donde lo personal y lo profesional está más interconectado que nunca.

¿Por qué esta desconexión? La mayoría de las personas que llevamos ya un tiempo en el mercado laboral hemos crecido educadas en los valores del esfuerzo y la dedicación a la empresa, herencia de los valores de los *baby boomers* y de un contexto social en el que fundamentalmente la mujer se encargaba de la familia, aunque se hubiese incorporado al mundo laboral. Se debía trabajar como si no hubiese familia; la conciliación no era el problema de la compañía. El trabajo era lo primero y que la empresa tuviese que hacer adaptaciones para solventar situaciones personales de sus empleados chocaba con el entendimiento tradicional de empresa y trabajo.

Mi padre no recogió a mi madre del hospital cuando nació mi hermano; tenía que trabajar. Treinta y seis años más tarde, cuando nació mi hijo mayor, mi marido tuvo quince días de permiso y mi padre miraba con envidia a mi marido: «Qué suerte que has podido estar quince días con ellos...». Si hubiese nacido ahora, tendría 16 semanas. Es evidente que esto ha sido fruto de cambios mucho más profundos en la sociedad que han derivado en cambios legislativos, y todavía está produciéndose el cambio social. Las generaciones más mayores aún seguirán viendo absurdo, en muchos casos, que el padre se tome tantas semanas de permiso.

Hace cuatro años era impensable el teletrabajo generalizado. Recuerdo a algunas personas jóvenes pidiéndolo y, por supuesto, la Dirección negándolo: «¿Dónde se ha visto eso? Así no se puede trabajar». ¿Cuánta gente de esa dirección ha empezado a trabajar algo desde casa?

Es decir, más rápido o más despacio, estamos asumiendo una evolución de las prácticas tradicionales; estamos en un momento de transición y en algunos casos de polarización de determinadas posturas motivado por esos modelos sociales de educación que hemos tenido cada uno y que pueden dar lugar a conflictos o a incomprensión dentro de las organizaciones y de los equipos: el mando más mayor que no entiende a un equipo que no trabaja en presencial; el miembro joven que cree que su mando es muy rígido y que no entiende las opciones de conexión digital y la libertad que eso permite.

Y es que todo este cambio en el mundo del trabajo ha llegado quizás de manera un poco abrupta y necesita un acompañamiento que no se ha dado en todos los ámbitos. Se habla mucho de la adaptación al mundo digital, pero el cambio no se está produciendo únicamente en el campo de las herramientas, sino también en las relaciones sociales laborales, en la gestión de personas, etc. Desde las organizaciones tenemos que acompañar estos cambios y trabajar en el entendimiento mutuo a través del *mentoring* inverso, la formación y el *coaching;* las herramientas son múltiples.

2. Características de la propuesta de valor

¿Qué debe incluir una propuesta de valor adaptada a lo que quieren las personas?

La investigación que realizó Gartner en esta área ha concluido sobre la propuesta de valor a los empleados que para la mayoría de las personas las cosas que componen una propuesta de valor han de incluir: compensación, equilibrio entre el trabajo y la vida, estabilidad, ubicación y respeto.

Esta conclusión recoge una información muy reveladora del cambio del mercado laboral: la propuesta de valor de las empresas ya no tiene que estar dirigida a los trabajadores, sino a las personas. El trabajo es un elemento más de la vida que las personas no están necesariamente dispuestas a priorizar, sino a que encaje como otros aspectos de su vida.

Si miramos con la óptica de ver a la persona y sus problemas y necesidades, el atasco lo sufre igual el *millennial* y el *baby boomer.* Los problemas familiares los sufren quizás ahora más los *baby boomers* de lo que los sufrieron sus padres; el que tiene cincuenta años o más no se va a marchar; le interesa la seguridad y la estabilidad. Pero ¿y el *millennial* de treinta que quiere independizarse y no puede? ¿Acaso no tiene interés por la estabilidad y la seguridad laboral?

Todas las generaciones quieren conciliar, flexibilizar y tener estabilidad y esperan que las empresas den respuesta a problemáticas y necesidades de vida en su conjunto, no solo en horario de 8:00 a 17:00 h. La conciliación, por ejemplo, ha estado enfocada al cuidado de familiares (reducciones de jornada, excedencias, etc.) como única forma de flexibilidad, pero ya no es lo que se espera como única solución.

Pero eso no significa que todos necesiten lo mismo, sino que nuestra propuesta de valor les ofrezca opciones y que sean lo suficientemente flexibles para que cada persona pueda adaptarla a la modalidad de bienestar financiero y físico, de desarrollo personal y profesional, de compensación, de conciliación, que busque en cada momento.

Gráfico 16.1 Evolución de la propuesta de valor

Tradicional

- Felicitaciones
- Autorrealización
- Personalización

- Formación del puesto
- Idiomas
- Desarrollo de competencias futuras y transformación
- Enriquecimiento de puesto

- Servicio y seguro médico
- Abonos gimnasios
- Asistencia emocional
- Compromiso social y voluntariado
- Bienestar financiero
- Socialización

- Ahorro y pensión
- Seguros de vida y accidentes
- Conciliación
- Flexibilidad y desconexión digital

- Planes de compensación flexibles
- Descuentos y acuerdos con proveedores
- Propósito y sostenibilidad
- Diversidad, igualdad e inclusión

Reconocimiento · Formación y Desarrollo · Salud y Bienestar · Beneficios · Básicos

Nuevas tendencias

Actualmente en el mercado existen diversas opciones de herramientas que permiten la puesta en valor de la propuesta donde la persona puede consultar, contratar y gestionar de forma independiente y autónoma lo que la hace viable y sostenible para los departamentos de Recursos Humanos: plataformas de beneficios (*Benefit hubs*) con bolsas flexibles de beneficios que van un paso más allá de los planes de compensación flexibles tradicionales (PCF), *market places,* descuentos de *partners,* gestión y control del trabajo en remoto, flexibilidad, etc. No olvidemos que la persona espera encontrar en su empresa lo que puede hallar en su vida personal como cliente, y en eso las compañías vamos por detrás. La función de Recursos Humanos debe empezar a integrar de forma más habitual el enfoque, las metodologías y las herramientas de experiencia del cliente.

El futuro, que ya empieza a ser presente, será la hiperpersona-lización e hiperflexibilidad con la llegada del uso masivo de la inteligencia artificial, que permitirá a las compañías gestionar a las personas de forma totalmente individualizada basándose en intereses y comportamientos y en un sistema de autoservicio total: puedo contratar servicios o productos o formarme en lo que necesito cuando lo necesito y donde lo necesito. Es decir, más satisfacción para la persona que quiere gestionar su vida personal sin depender de nadie y, a la vez, menos coste para las empresas, que simplemente pondrán a disposición sus paquetes retributivos.

La primera ola de la generación *alpha* llegará a la edad adulta en la década de 2030 y representará el 11 % de la población mundial, pero al mismo tiempo se espera que el mundo tenga la mayor proporción de personas de más de sesenta años de la historia y el consiguiente alargamiento de la vida profesional.

Esta evolución demográfica hará de la convivencia intergeneracional en las compañías un eje cada vez más relevante si queremos encontrar y fidelizar el talento, que sabemos que será escaso y que no podrá limitarse a poner en valor la experiencia del sénior y acompañar la transición del fin de la carrera laboral. La estrategia y las propuestas deberán incluir el factor edad, sus necesidades específicas, enfoques, motivaciones y preferencias en sus momentos vitales, dentro de las variables de personalización, con la dificultad adicional de que hasta ahora no ha sido un colectivo prioritario en las organizaciones y tendrá que empezar a ganar la importancia que merece.

3. Caso Zurich Seguros: Personas contratando personas

El equipo de Adquisición de Talento de Zurich Seguros está acercándose a sus potenciales candidatos de una forma distinta y lo hace a través de nuevos textos en sus ofertas de empleo. Dejando atrás el clásico lenguaje corporativo, se dirige de tú a tú conectando con la persona y mostrando cómo será trabajar en la compañía, cómo son las formas de hacer (la famosa cultura) y el valor que tienen las personas para la aseguradora.

La acogida ha sido soberbia y confirma la gran importancia de saber llevar al terreno de la marca empleadora los atributos de empresa que más emociones positivas genera en sus propios empleados. Este es un ejemplo muy representativo:

¡Hola!

Soy Conxita, *recruiter* de esta posición. Me encanta leer novela negra, la montaña en general y el esquí en particular. Podrías pensar que soy una persona fría, pero ¡nada más lejos de la realidad! ¡Encantada de saludarte!

Quizás somos la décima oferta que lees hoy en el sofá con Netflix de fondo o en pleno proceso de cambios... y todas te parecen iguales.

Te seré clara. ¡En Zurich no somos perfectos, pero molamos bastante! Y si quieres saber por qué, sigue leyendo.

Antes de nada, GRACIAS por interesarte en nuestra compañía. Sabemos que la búsqueda de nuevas oportunidades suele ser un reto, pero... ¡no te preocupes, que todo llega!

¡Vayamos al grano! Intentaré resumirte en dos puntos nuestro ADN:

Nos encanta el voluntariado, pero preferimos ser activistas del cambio. ¿Cómo? Poniendo nuestro foco en jóvenes que están en riesgo de exclusión social o luchando contra el cambio climático con acciones como la reforestación de bosques en Madrid y en el Parque de Doñana. Solo en lo que va de año hemos hecho más de 2000 h de voluntariado.

En Zurich lo decimos alto y claro: estamos orgullosos de nuestros colores y creemos que un equipo diverso marca la diferencia. Aquí no hablamos de *discapacidad,* hablamos de *habilidad.* Que puedas ser tú mismo/a es nuestra prioridad, sin armarios que se interpongan entre nosotros ni techos de cristal. El 50 % de nuestros puestos de responsabilidad están ocupados por mujeres (incluido el comité de Dirección).

¿Sabes que producimos nuestros propios pódcast sobre identidad sexual? Estamos construyendo una compañía en la que todas las personas son bienvenidas.

Y te preguntarás: «Conxita, ¿cómo será mi día a día?».

Me encanta que me hagas esta pregunta.

Como *senior pricing actuary ,* desarrollarás tarifas y modelos de optimización. Buscamos a una persona con interés por innovar y transformar los modelos de precio de nueva producción y de cartera:

- Diseñaras, elaborarás, implantarás y mantendrás las tarifas de los ramos de Negocios.

- Gestionarás el flujo y la calidad de los datos técnicos para asegurar un *output* robusto.

- Te anticiparás a las tendencias y necesidades para formular recomendaciones y ajustes de tarifa sobre aspectos que requieran un cambio o acciones correctivas.

A estas alturas te estarás preguntando: ¿cómo sé si encajo?

No te preocupes, no te voy a pedir que salves el planeta ni que cumplas el 100 % de los requisitos. Tener estudios en Ciencias Actuariales, Estadísticas, Matemáticas o similar es un muy buen punto de partida:

- Es muy importante para nosotros que aportes experiencia previa en el sector asegurador. Con unos cuatro o cinco años trabajando en un rol similar es suficiente.

- También, que tengas conocimientos específicos de *pricing* en ramos del segmento de pymes y del propio negocio asegurador.

- Añadimos conocimientos avanzados de *software* de *pricing* (EMBLEM, RADAR, etc.) y en programación Python, R o SAS. ¡Y si tienes conocimiento en técnicas de *machine learning,* será increíble!

- Somos una empresa internacional, así que un buen nivel de inglés te hará la vida mucho más fácil.

Ahora mismo, o estás con la emoción de cuando un pantalón te entra perfecto o estás pensando: «Esto no es para mí» (si no es para ti, no pasa nada; ya nos volveremos a encontrar en el futuro). Puedes hacer de celestina compartiendo mi contacto con quien creas que pueda encajar.

En Zurich somos muy disfrutones, nos gusta vivir la vida. Ya me contarás cómo podemos hacerte feliz, pero a mí me encanta poder conciliar mi trabajo con mi vida personal. Aquí la flexibilidad horaria y la desconexión digital son reales.

#PorSerDeZurich, puedes escoger los beneficios que mejor se adaptan a tus necesidades. Ya sabemos que, para gustos, los colores:

- Te ofrecemos un modelo híbrido megaflexible para trabajar como y donde quieras dentro de España. Te ayudamos con un bono de oficina en casa.

- Confiamos en la filosofía de aprender haciendo para que puedas moverte a otras áreas a nivel local o internacional gracias a nuestro programa Talento en Movimiento. Y para que sigas con tu desarrollo y crecimiento, te ofrecemos clases de inglés, formación y programa de *mentoring* personalizado.

- Queremos romperte los esquemas de la retribución flexible. Con nuestra bolsa de beneficios podrás elegir lo que mejor se amolde a ti y a tus necesidades: seguro médico, guardería, formación, tiques restaurante... ¡y mucho más!

- Nos gusta dibujar sonrisas y en Zurich sabemos que es más fácil de lo que parece; por eso somos activistas. ¿Y por qué no dedicar un día entero a la causa que más te motive?

- ¡Si tienes espíritu deportivo, en Zurich vamos a por el oro! Maratones, carreras, descuentos en gimnasio y mucho más. 3, 2, 1... ¡Calienta, que salimos!

Si has llegado hasta aquí, GRACIAS por leerme. ¿Qué te ha parecido? ¿Molamos o no?

Si has sentido mariposas en el estómago y crees que encajamos, manda señales de humo, o el CV si no te va bien lo del humo.

Y para ir terminando, ¿quieres saber qué opinan otras personas que forman parte de Zurich? Yo te diría que somos el n.º 1 en Top Employers España como carta de presentación, pero te animo a echar un vistazo a nuestro perfil de Glassdoor para que sean ellas quienes te lo cuenten. Sin trampa ni cartón.

Espero conocerte muy pronto,
Conxita

17. De una joven promesa a una vieja gloria

Mercedes Águeda
Vicepresidenta de Recursos Humanos en Capgemini

1. Una realidad de la que no se habla

«Sin darte cuenta de la noche a la mañana pasas de ser una joven promesa a una vieja gloria» decía Concepción Sánchez Turanzas, una magnífica experta profesional de Recursos Humanos. Esta espontánea expresión es una muestra del camino que queda por andar para avanzar con normalidad y aceptación en la convivencia de distintos ciclos vitales en el entorno laboral.

En un momento en el que la pandemia por la COVID-19 ha acelerado materias clave de los planes estratégicos de muchas compañías como la agenda digital, el trabajo en remoto (en el momento en el que este texto se escribe, ligeramente en retroceso) o la puesta en valor del equilibrio vida personal y profesional, por ejemplo, no se ha percibido en suavizar sesgos intergeneracionales o dar un paso adelante para la convivencia en armonía de diferentes generaciones en el entorno de trabajo, cuando esta convivencia es una realidad cada vez más presente y se está mostrando un valor en sí para la empresa.

El sector tecnológico se ha destacado por ser puntero en modelos y prácticas de gestión de Recursos Humanos. Por ejemplo, el teletrabajo, que ya existía en el sector desde la década de 1990 regulado por políticas internas a falta de un amparo normativo, tardó veinte años en llegar a países como España. La diversidad de género, otro ejemplo claramente impulsado en la última década, ya mucho antes, era un indicador de gestión comúnmente aceptado. Sin embargo, y a pesar de estos y de otros ejemplos, la eliminación de sesgos intergeneracionales o las políticas activas para una feliz convivencia entre generaciones no parecen ser un punto de la agenda ni en el sector tecnológico ni en otros sectores ni en gobiernos o instituciones; ni siguiera en las centrales sindicales. Resulta chocante que cuando la esperanza de vida ha avanzado significativamente en los últimos años y el talento sigue una línea acelerada de escasez no esté entre los puntos de actuación de todos los actores sociales.

Una anécdota curiosa que muestra el reto en la gestión de personas de muy diferentes generaciones fue en la transición de 2000 cuando se dio la alarma sobre el efecto en los procesos de cómputo por el cambio de siglo. En aquel momento fue una práctica extendida en el sector tecnológico constituir un equipo de trabajo multidisciplinar que trabajara durante los meses previos al cambio de año y permaneciera de guardia ese 31 de diciembre. Los de las generaciones más maduras, *baby boomers* e incluso anteriores (veteranos), solicitaron que enviáramos cartas a los domicilios privados para que sus familias tuvieran constancia de la dedicación requerida (por justificar el tiempo y quizás hacer ver la relevancia de su participación), y a la hora de la recompensa optaban por planes compartidos en familia. Los más jóvenes en ese momento no dudaron por una cuantía económica o un fin de semana con gastos pagados. La convivencia de diferentes generaciones exige modelos flexibles, a la carta, tanto de reconocimiento como de compensación y beneficios, de forma que puedan dar cobertura a distintos intereses y necesidades.

Cuando se es joven promesa, las preferencias como recompensa parecen tener que ver con experiencias propias, pero cuando se es una vieja gloria, son el tiempo y el efecto de la familia lo que se valora. Resulta obvio, pero tiene importantes implicaciones motivacionales.

2. Hablemos de convivencia intergeneracional por geografías

He sido afortunada por tener experiencias en entornos de trabajo de distintas geografías y poder observar lo que ocurre cuando varias generaciones trabajan conjuntamente. En Estados Unidos los sesgos intergeneracionales no son visibles, lo que no quiere decir que no existan en ninguna medida. Sí me atrevería a decir que hay una percepción de competencia de los *baby boomers,* quienes se perciben como competentes, sean hombres o mujeres, y no existe presión para que salgan del mercado laboral. Es más, estos son los perfiles más valorados para posiciones de dirección y CxO (*chief executive, finance, legal, information, technology, human resources or sales officer*).

En cuanto a la interacción entre las distintas generaciones, conviven en armonía con una normalidad digna de asombro. ¿Significa esto que se fomenta la interacción, que se entienden y se acogen generaciones distintas construyendo equipos de trabajo con un enfoque inclusivo? En mi opinión, no de forma activa y estructurada, pero sí fluye de una forma natural.

Mi experiencia en el sector de consultoría tecnológica con sede en Estados Unidos es que la edad no supone un dato considerado para decisiones de gestión más allá de que no aparezca en los resúmenes profesionales por razones de no discriminación. Uno de los líderes mundiales de Recursos Humanos decía que somos el resultado de las cinco personas con las que pasamos más tiempo, y casualmente en su primera línea tenía representantes de generaciones diferentes.

El momento de ser percibido como una vieja gloria no es tan claro como en España o en Europa; son habituales las carreras largas que llegan más allá incluso de los setenta años, y no únicamente en posiciones de liderazgo o responsabilidad alta.

Las cosas son diferentes en América Latina. No olvidemos que la esperanza de vida es más baja (diez años menos que en España y alrededor de cinco comparado con Estados Unidos). Sorprende ver que, con un sistema de pensiones públicas inexistente o frágil, el sistema *escupa* perfiles de más edad mientras acoge calurosamente a generaciones jóvenes, y no siempre altamente preparadas. Es cierto que se percibe respeto por generaciones maduras, pero asumiendo que saldrán del mercado laboral en edades oficiales de jubilación.

En Brasil recuerdo largos debates en procesos de selección para posiciones de venta. Los candidatos sénior no se percibían como suficientemente innovadores y los más jóvenes tenían el riesgo de no conectar con el perfil de comprador estándar de mediana edad. Un panorama muy diferente al de Estados Unidos.

¿Y cuál es la visión en *la vieja* Europa? Para empezar, poco interés salvo excepciones en continuar activo a tiempo completo más allá de la edad legal de jubilación y, al mismo tiempo, la existencia de hasta cinco generaciones conviviendo de forma excepcional.

Claramente existen distinciones entre países, con Francia a la cabeza con un sistema de pensiones que permite, siempre que se cumplan los requisitos, mantener el mismo nivel adquisitivo que en activo. Continuar en activo a edad cercana a la oficial de jubilación no está incentivado, por lo que resulta excepcional la convivencia de más de cuatro generaciones en entornos de trabajo.

¿Y qué hay de la convivencia entre generaciones en activo? Mi percepción es que el ecosistema la regula de forma natural. Los *baby boomers* y la generación X acogen y en muchas ocasiones apadrinan calurosamente a las siguientes generaciones, mientras que las generaciones jóvenes valoran y admiran el conocimiento y la experiencia de los que son sénior. Pero, y es un *pero* muy grande, faltan políticas activas para medir y asegurar que el ecosistema funciona con equidad, que hay políticas activas de contratación para generaciones maduras, jornadas y horarios flexibles o políticas de compensación que den respuesta a las diferentes necesidades o a los momentos vitales y que los sesgos se eliminen por completo.

Como conclusión, no he constatado políticas activas de convivencia entre generaciones en Estados Unidos, América Latina o Europa, pero hay menos sesgos visibles en Estados Unidos, una mayor aceptación y acogida de diferentes generaciones conviviendo de forma pacífica en entornos profesionales.

3. Pasemos a la acción

Cada vez estoy más convencida por mi experiencia de que es necesario extender la medición a la inclusión de diferentes generaciones con los KPI, por ejemplo, con indicadores de desempeño o rendimiento. Únicamente el dato sobre la generación suele aparecer en encuestas de compromiso o en informes de rotación con el objetivo de identificar un problema o una tendencia en una generación u otra. Incluir la variable generación en la gestión del desempeño permitiría vigilar si hay sesgo en la evaluación o a la hora de asignar incrementos salariales o en la retribución variable, por ejemplo.

> «Lo que no se mide no se puede mejorar.
> Lo que no se mejora se degrada».
>
> William Thomson Kelvin

En mi opinión, la inclusión de indicadores de generación en las distintas variables de gestión de personas sería la primera medida que habría que recomendar. En cuanto a otro tipo de medidas que he constatado que tienen un efecto positivo en la convivencia intergeneracional señalaría tres:

- El *mentoring*, en especial el inverso de generaciones jóvenes a más maduras, que permite ver la realidad desde otra óptica y empuja a romper estereotipos.

- Modelos de trabajo colaborativos y ágiles con equipos trasversales.

- Educación y sensibilización en alcanzar conciencia de sesgos y cómo eliminarlos y garantizar mecanismos internos de vigilancia y control.

Ojalá cuando este libro se publique ya esté en marcha una cuarta medida: la inclusión de carreras descendentes en los modelos de gestión. He conocido algún caso, como el del líder responsable de cuenta de pérdidas y ganancias que deja esa estresante posición para ocupar otra menos exigente de carácter interno pero estratégica donde los conocimientos y la experiencia son altamente valorados, pero sin la presión del cierre de trimestre en una empresa cotizada.

Creo firmemente que las compañías deberían completar el viaje de empleado con alternativas de carrera descendentes que permitan una transición amigable y garanticen que el conocimiento y la experiencia se mantienen en la organización. Completemos este viaje ofreciendo alternativas que posibiliten una transición no abrupta y que el talento abocado a la escasez y que así lo decida se mantenga activo.

La generación Z opina

La generación de los más jóvenes constituye el futuro. Cuentan ahora con menos de 26 años y comienzan a tener sus primeras experiencias profesionales. Llegan al mercado laboral con ilusión y expectativas que hemos querido conocer, por lo que hemos recogido sus opiniones. Todos son jóvenes inquietos, muy bien formados, hablantes de dos o más idiomas y con breves prácticas profesionales y experiencia internacional. Todos tienen expectativas profesionales elevadas. Contamos con los testimonios de seis jóvenes:

Lucía Briz Domínguez. Cursa 4.º de *Mechanical Engineering with Management* (MEng [Hons]) en la Universidad de Mánchester. 2005-2020 International School de Madrid. Ha hecho prácticas en empresas industriales y en el verano de 2023 tuvo su primera experiencia emprendedora: LUBYLU vajillas artesanales.

Lucía logró lo que esperaba en sus primeras experiencias profesionales: ayudarse en la toma de decisión en la elección de su carrera y poner en práctica los conocimientos adquiridos durante el curso académico diseñando piezas.

Lo que más le gustó fue conocer en detalle los procesos de la cadena de producción y el sistema de calidad trabajando en equipo y tener la oportunidad de crear @lubylu_shop en Instagram, convirtiendo una afición en un negocio desarrollando sus inquietudes creativas.

No le gustaron la monotonía del trabajo en máquina de series, que se podría automatizar mediante robotización, ni los problemas con los materiales y el desbordamiento de pedidos en LUBYLU.

Lo que más le motiva es encontrar mejoras digitales para simplificar procesos.

Al preguntarle por sugerencias para liderar los nuevos tiempos, recomienda afrontar y exponer los problemas desde el inicio y quitar el miedo a reconocer los errores ante los jefes. Además, los directivos deben fomentar la comunicación, la motivación y el compromiso de los empleados.

Cree que es positivo trabajar antes de elegir carrera; en su caso afianzó su decisión de estudiar ingeniería mecánica.

Yuvi Ajoomal. Recién graduado en Classics (Literae Humaniores) en la Universidad de Oxford. Bilingüe en español e inglés, habla también francés e hindi.

Yuvi encontró lo que esperaba, ante todo aprender, y también que sus jefes mostraran algo de interés por su evolución profesional.

De sus experiencias profesionales recuerda que lo mejor fue sentirse con poder de decisión, pudiendo influir de forma decisiva, y sentirse escuchado, lo que supuso un aumento en su autoestima en el ámbito laboral.

Lo peor fue la burocracia excesiva, que, a su modo de ver, no solo cohíbe el poder de innovación, sino que además convierte a sus trabajadores en una especie de funcionariado corporativo. Quizás sea síntoma de formar parte de una generación acostumbrada a la gratificación instantánea.

Por ambicioso que suene, le motiva revertir la deriva de esta generación y desencadenar el cuantioso, aunque latente, potencial que alberga.

Yuvi es claro: quienes desean liderar a su generación, antes de nada, deben esmerarse en entender la naturaleza y gravedad de la «adicción generalizada a la heroína digital» (TikTok, Instagram, etc.) que desconcentra y después convencerla de que «vuestro método de trabajo es más efectivo. Nos vendría bien que nos lo recordaseis».

Señala también la necesidad de fomentar más el diálogo intergeneracional haciendo actividades o simplemente teniendo alguna que otra conversación.

Gonzalo Sintes Victory. Es *Bachelor Engineering and Management* en la Universidad de Exeter y está completando su formación cursando un *Master in Management* (MiM) en el IESE en Madrid. Habla tres idiomas. Trabajó en una consultora en Barcelona.

Gonzalo llegó a la consultora con expectativas muy elevadas: pensaba que los proyectos iban a ser espectaculares o que tocaría muchas industrias — «es lo que te dicen en la entrevista»—, pero después vio que la realidad no es así. Aprendió que a veces hay que hacer cosas que a uno no le gustan y que al final es importante tener paciencia y no idealizar todo tanto.

Lo que más le gustó fue comprobar cómo se soluciona un problema real y ver que el cliente valora tu opinión. Otros aspectos que le gustaron fueron el equipo, el ambiente y el hecho de estar rodeado de gente de distintas edades y con diferentes *backgrounds* (ingenierías o ADE); al final lo que importa es la persona y su manera de pensar. Le gusta trabajar con gente que no tenga necesariamente su edad.

Lo que menos le gustó fue tener que estar encerrado en casa. Para aprender al inicio, sobre todo es importante ver, observar y escuchar, aunque sea atender reuniones y estar en contacto con gente del equipo. Esperar en Teams a que alguien se acuerde de uno se le hizo muy pesado.

Su consejo para quienes lideran es tener un jefe que sea tu mentor o un superior que realmente te guíe y se preocupe por ti: es bueno sobre todo porque te puede dar un poco más de visión a largo plazo.

Lucas Sánchez Sánchez. Cursa Administración y Dirección de Empresas (ADE) en la Universidad de Essex. Ha realizado prácticas de verano en una firma de servicios profesionales de auditoría financiera y asesoramiento en la gestión de empresas.

Desde el principio Lucas fue consciente de que iba a tener que entregarse y trabajar con sacrificio, y efectivamente así fue. Sin embargo, le sorprendió lo mucho que se trabaja en equipo y lo importante que es.

Su mayor satisfacción es la sensación de plenitud y realización que le aporta hacer bien las cosas, *más aún cuando* el trabajo es en equipo y ha habido una retroalimentación positiva entre los compañeros para que cada uno llegue a su máximo potencial.

Lo que más le disgustó *fue* la sensación en ocasiones de menosprecio y la infravaloración del trabajo realizado. En este sentido, cambiaría exigir cosas que no le han enseñado.

Señala que, para poder liderar mejor a su generación y a las venideras, sería conveniente aceptar el constante cambio tecnológico y la necesidad de adaptarse a ello.

Su mayor fuente de motivación es su progresión laboral y su voluntad de aprendizaje.

Miguel Riesgo Yanes. Ha finalizado sus estudios de doble grado de Derecho y Business Analytics en ICADE. Ha realizado prácticas en despachos de abogados y en la banca de inversión.

A Miguel le sorprendieron la implicación de los jefes con los júniores y el ambiente de compañerismo: ha recibido bastante más guía y ayuda de la que esperaba, aunque también ha tenido que buscar soluciones.

Lo que más le gustó fue haber sido incluido desde el principio en proyectos diversos con compañeros diferentes, pudiendo así aprender de múltiples sectores.

No encontró tan buena la coordinación de los equipos mixtos: «Crear equipos mixtos no es muy eficiente porque la comunicación es más compleja». Le hubiese motivado que le hubieran hecho un contrato de fijo en lugar del nuevo contrato de prácticas.

Sugiere que lo más importante para liderar a su generación es crear un ambiente cercano con los júniores con una comunicación fluida y darles confianza y responsabilidad, con independencia de la carga de trabajo. A los de su generación no ha de limitárseles por ser becarios o júniores: un buen jefe debe incluirles desde el principio para que den lo máximo.

Luís Sintes Victory. Estudió Bachelor of Business and Administration en ESADE en Barcelona. Ha estudiado en México y realizado prácticas en Londres. Actualmente trabaja como consultor y como patrón de embarcaciones.

En su primera experiencia profesional esperaba un programa de formación más global que le diera una visión del conjunto de un proyecto (metodología de trabajo, resolución de problemas y aterrizaje de las ideas al *output* final) y no la realización de cosas distintas sin conexión con la del día anterior.

Destaca como positivas dos cosas: la oportunidad de trabajar en ambientes multiculturales, pues Londres es una ciudad que reúne todas las nacionalidades del mundo, y confirmar que su elección profesional fue correcta y había ocasiones de aprender. No obstante, da mayor prioridad al sector y la empresa, más allá de estar en una gran ciudad internacional.

Lo que menos le gustó fue no poder sentir que formaba parte de un equipo: «La empresa no disponía de oficinas físicas y tuve la sensación de deambular por Londres en búsqueda de un *coworking,* sin formar parte de esa empresa. No existía un pensamiento de pertenecer a un equipo».

Su preocupación para el futuro es que la inteligencia artificial termine siendo más importante que el pensamiento crítico y sustituya la curiosidad de los trabajos.

Dejó un mensaje para los de su generación: tener aficiones que propicien la curiosidad y ser más críticos para asumir más responsabilidades, desarrollar más capacidades y no dejar de estudiar.

Estos jóvenes nos dan pistas de cómo liderarlos para mejorar la convivencia intergeneracional para hacer las empresas mejores:

1. Ayúdame a confirmar que he hecho una buena elección profesional.

2. Dame oportunidades para poner en práctica lo que me han enseñado en los estudios.

3. Enséñame a concentrarme y adviérteme de la adicción a la heroína digital y muéstrame tus claves del trabajo bien hecho.

4. Permíteme innovar si veo la ocasión; se me da bien la tecnología y puedo tener ideas.

5. Tolera mis errores; así aprendo más. Soy joven y algo transgresor.

6. Comunícame, háblame del negocio, de cómo contribuir más, de cómo trabajar en equipo.

7. Déjame tomar decisiones de pequeño alcance y dame *feedback* frecuente y concreto; me dará confianza y ganaré autoestima.

8. Cuéntame la verdad yo iré descubriendo la realidad.

9. No me ningunees por ser joven y dame la oportunidad de colaborar en equipo con otros de otras disciplinas y de asistir a reuniones.

10. Muéstrame el corto plazo, pero también enséñame a mirar a largo plazo: mejor ver todo el proyecto que la suma de sus partes.

11. Despierta mi curiosidad; lo que más me motiva es aprender.

Epílogo

Enrique Arce y Ana Matarranz

Este libro es obra de seres humanos que han puesto su corazón y su sabiduría en escribirlo.

El siguiente texto ha sido elaborado por ChatGPT OPEN AI. No se ha añadido ni quitado palabra alguna. Es posible que en el futuro muchos de los textos que leas estén escritos por una máquina.

La importancia del factor edad en una empresa puede variar, dependiendo de muchos factores, como la industria, la cultura de la compañía, la estructura organizacional y otros. La edad puede ser un factor importante en el desempeño labor la productividad, la experiencia, la flexibilidad y las necesidades de desarrollo profesional, entre otros factores.

Por ejemplo, en algunas industrias, como la tecnología, la juventud puede ser vista como una ventaja debido a la rapidez con la que cambian las tendencias y la necesidad de estar al tanto de las últimas innovaciones. Sin embargo, en otros campos, como el derecho o la medicina, la experiencia y el conocimiento acumulado son altamente valorados, lo que puede favorecer a empleados mayores.

En general, una empresa puede beneficiarse al contar con za laboral diversa en cuanto a género, raza, edad, experiencia y perspectivas. Asegurar una cultura empresarial inclusiva y equitativa puede permitir a una compañía aprovechar al máximo la diversidad de habilidades y puntos de vista de sus empleados y fomentar un ambiente de trabajo productivo y colaborativo.

El factor edad puede influir en la empresa de varias formas. A continuación, se presentan algunos aspectos en los que la edad puede tener un impacto significativo:

Experiencia y conocimientos: A medida que los empleados envejecen, generalmente acumulan más experiencia y conocimientos en su campo. Han tenido más tiempo para adquirir habilidades especializadas y conocimientos técnicos, lo que puede hacerlos valiosos para la empresa. La experiencia también puede permitirles tomar decisiones informadas y resolver problemas de manera más eficiente.

Liderazgo y mentoría: Los empleados más mayores suelen tener más oportunidades de asumir roles de liderazgo en la empresa. Han tenido tiempo para desarrollar habilidades de liderazgo, establecer redes de contactos y construir relaciones sólidas dentro de la organización. Además, pueden actuar como mentores para los empleados más jóvenes, compartiendo su experiencia y brindando orientación.

Adaptabilidad y flexibilidad: Aunque se suele asociar a los empleados jóvenes con una mayor adaptabilidad y flexibilidad, los empleados mayores también pueden adaptarse a nuevos desafíos y entornos laborales. Aunque pueden requerir un tiempo de ajuste adicional, su experiencia y sus habilidades pueden permitirles adaptarse de manera efectiva a los cambios en la industria y en la empresa.

Diversidad de perspectivas: Las diferentes generaciones aportan perspectivas únicas a la empresa. Los empleados mayores pueden tener una visión más amplia y una comprensión más profunda de la historia y los cambios en la industria. Esto puede ayudar a la empresa a tomar decisiones más informadas y a anticipar mejor las tendencias y los desafíos futuros.

Retiro y sucesión: El envejecimiento de la fuerza laboral plantea desafíos relacionados con la planificación de la sucesión. A medida que los empleados más mayores se acercan a la edad de jubilación, las empresas deben considerar cómo transferir conocimientos y habilidades a la siguiente generación de empleados. La planificación adecuada de la sucesión puede garantizar una transición suave y la continuidad de la empresa.

Es importante destacar que la edad no debe ser el único factor considerado al evaluar a los empleados. La diversidad en términos de edad, junto con otros factores, como habilidades, competencias y rendimiento, es fundamental para fomentar un entorno laboral inclusivo y productivo.

La presencia de cuatro generaciones en una empresa puede tener un gran impacto en su cultura y dinámica laboral. Cada generación tiene su propia perspectiva y experiencia, lo que puede resultar en diferentes estilos de trabajo, valores y expectativas. Este impacto puede ser tanto positivo como negativo, dependiendo de cómo se maneje.

Por un lado, esta diversidad puede traer beneficios a la empresa ya que se tendrán diferentes enfoques para abordar problemas y se podrán desarrollar soluciones más creativas debido a la combinación de diferentes ideas y perspectivas.

Sin embargo, también puede haber dificultades en lograr una comunicación efectiva y en asegurarse de que las distintas generaciones trabajen bien juntas. Las diferencias pueden llevar a conflictos o malentendidos, especialmente en la manera de trabajar y de comunicarse.

Es importante empresa crear de inclusiónomentar un ambiente en el que todas las generaciones se sientan valoradas y respetadas. También es crucial manejar las diferencias de manera efectiva y encontrar formas de trabajar juntos de manera armoniosa.

El conflicto intergeneracional se refiere a las tensiones, las diferencias y los desacuerdos que pueden surgir entre diferentes generaciones. Estas discrepancias pueden surgir en varios contextos, como en el hogar, el lugar de trabajo, la sociedad o la política. Algunas de las áreas donde se pueden observar conflictos intergeneracionales incluyen los valores, las actitudes, las creencias, los estilos de vida y las expectativas.

Existen diversas razones por las cuales pueden surgir conflictos intergeneracionales. Algunas de ellas incluyen:

Diferencias culturales y sociales: Cada generación se forma en un contexto cultural y social único, lo que puede llevar a diferentes perspectivas y enfoques en la vida. Estas diferencias pueden generar conflictos cuando las generaciones no comprenden o aceptan las prácticas y valores de las otras.

Cambios tecnológicos: Las generaciones más jóvenes suelen crecer inmersas en la tecnología, mientras que las generaciones mayores pueden tener dificultades para adaptarse a los avances tecnológicos. Esta brecha digital puede generar conflictos y frustración.

Diferencias en la educación y la crianza: Las prácticas educativas y las expectativas parentales han evolucionado con el tiempo. Las generaciones mayores pueden tener un enfoque más autoritario y conservador, mientras que las generaciones más jóvenes pueden buscar un enfoque más flexible y democrático. Estas diferencias en la crianza pueden llevar a conflictos sobre la forma adecuada de educar a los niños.

Cambios económicos y laborales: Las condiciones económicas y las oportunidades laborales han cambiado significativamente a lo largo de las generaciones. Las generaciones mayores pueden tener dificultades para comprender los desafíos económicos y laborales a los que se enfrentan las generaciones más jóvenes, lo que puede generar conflictos relacionados con las expectativas y las perspectivas profesionales.

Políticas y valores: Las generaciones pueden tener diferencias en cuanto a las prioridades políticas y los valores sociales. Estas diferencias pueden generar conflictos en temas como los derechos humanos, la igualdad de género, la diversidad cultural o el medio ambiente.

Es importante tener en cuenta que los conflictos intergeneracionales no son inevitables y que también pueden existir beneficios y oportunidades en la colaboración y el intercambio intergeneracional. El diálogo, el respeto mutuo y la comprensión pueden ayudar a superar los conflictos y construir relaciones más positivas y enriquecedoras entre las generaciones.

ChatGPT elabora textos a partir del conocimiento acumulado en numerosos servidores, que ha ido almacenándose por gente de más edad durante mucho tiempo, pero ha habido que esperar a la genialidad de alguien para que disrumpa y posibilite lo que la IA es capaz de lograr.

No cabe duda de que las grandes disrupciones, sobre todo tecnológicas, parecen obra de la genialidad. Al margen de las consideraciones éticas a las que nos enfrenta la IA, el progreso es una obra conjunta de quienes saben y de quienes disrumpen y, aunque hay sabios entre los jóvenes y disruptores entre los más mayores, la riqueza está en ambos.

Por ahora, ChatGPT es como la cabeza parlante que tanto sorprendió a don Quijote y Sancho Panza en la escena en la que sus amigos le preguntaban sobre sus intereses. Los dos son oráculos, pero sus respuestas son tan genéricas como las palabras de Sancho: «esto yo me lo dijera: no dijera más el profeta Perogrullo».

Nosotros esperamos que este libro sirva para que la labor conjunta de jóvenes y mayores mejore la sociedad y la empresa y que la cordura se entienda con la disrupción. ChatGPT es una genialidad, pero la sabiduría es obra del joven que se hace mayor.

Notas

Capítulo 2

1. Vidal, M. (2019). *La Era de la Humanidad*. Planeta-Colección Deusto.
2. Mulcahy, D. (2016). *The Gig Economy: The complete guide to getting better work, taking more time off, and financing the life you want*. Gildan media corporation; unabridged edition.
3. Goleman, D. (1997). *Emotional Intelligence*. Bantam.
4. Harari, Y. N. (2020). *21 Lessons for the 21st Century*. Signal.

Capítulo 5

1. Díaz, R. (29 de marzo de 2023). La inteligencia artificial pone en riesgo 300 millones de puestos de trabajo en todo el mundo. *El Mundo*. https://www.elmundo.es/tecnologia/2023/03/29/64248311fdddffab 0b8b45cf.html).
2. Gispert, B. (2 de abril de 2023). La IA despega y amenaza el mercado laboral. *La Vanguardia*. www.lavanguardia.com/economia/ 20230402/8869898/inteligenciaartificial-ia-chatgpt-openai-trabajo-economia.html.
3. *Statista*. (19 de junio de 2023). Inteligencia artificial: valor de mercado mundial 2021-2030. *Statista*. es.statista.com/estadisticas/1139768/ inteligencia-artificial-valor-demercado.
4. Parlamento Europeo. (9 de agosto de 2020). ¿Qué es la inteligencia artificial y cómo se usa? *Noticias*. www.europarl.europa.eu/news/es/ headlines/society/20200827STO85804/que-es-lainteligencia-artificial-y-como-se-usa.
5. Bernat, P. (9 de junio de 2020). Por qué la inteligencia artificial ha explotado en los últimos años si no es algo nuevo. *Zonamovilidad.es*. www.zonamovilidad.es/por-que-la-inteligenciaartificial-ha-explotado-en-los-ultimos-anos-si-no-es-algo-nuevo.html.

6. Granieri, M. (5 de marzo de 2023). ¿Qué es la inteligencia artificial generativa? *OBS*. https://www.obsbusiness.school/blog/que-es-la-inteligencia-artificial-generativa.
7. Open AI (2023).
8. *Equipos&Talento*. (7 de junio de 2023). El impacto de la inteligencia artificial en los procesos de RR. HH. *Equipos&Talento*. https://www.equiposytalento.com/noticias/2023/06/07/el-impacto-de-la-inteligencia-artificial-en-los-procesos-de-rrhh.

Capítulo 6

1. Ministerio de Hacienda y Función Pública. Boletín Estadístico del Personal al servicio de las Administraciones Públicas (BEPSAP). *Poirtal de la Secretaría de Estado*. https://funcionpublica.hacienda.gob.es/funcion-publica/rcp/boletin.html.
2. *Ibidem*.
3. Comunidad de Madrid. Manual de Oslo 3.ª edición disponible en: https://www.madrid.org/bvirtual/BVCM001708.pdf.
4. Peláez Martos, J. M. (2022). El Sistema de incentivos de la Inspección de Hacienda. *La información*. https://www.lainformacion.com/opinion/jose-maria-pelaez-martos-1/sistema-incentivos-inspeccion-hacienda/2873942/?utm_source=twitter.com&utm_medium=socialshare&utm_campaign=desktop.

Capítulo 7

1. Levi Montalcini, R. (2017). *El as en la manga*. Crítica.
2. Goldberg, L. (2007). *La paradoja de la sabiduría*. Drakontos bolsillo.
3. *Ibidem*.
4. Kahneman, D. *Pensar rápido, pensar despacio*. Debate 2012.

Capítulo 9

1. Future for Work Institute (2023), *El mundo del trabajo en 2023, una breve panorámica*. World Economic Forum.
2. San Román, W. (2023). *Tendencias de recursos humanos 2023*. Cornerstone.
3. Boston Consulting Group. (2023) Creating People Advantage. Revisiting a success story. En: https://www.bcg.com/publications/collections/creating-people-advantage-reports.
4. The Josh Bersin Company (2023). *HR predictions for 2023*. https://jbc.joshbersin.com/wp-content/uploads/2023/01/WT-23_01-HR-Predictions-2023-Report.pdf.

5. Holzhausen, A.; Caroline Michler, C. y Pelayo Romero, P. (2019) *Aging: a fountain of youth for productivity growth*. Allianz Economic Research.
6. De Sivatte, I.; Olmos, R.; Simón, C. y Martel, M. (2018) El efecto de la edad, la experiencia y la formación en la productividad laboral. *Cuadernos de Información Económica, 263*.

Capítulo 11

1. Cyrulnik, B y Anaut, M. (2016). *Por qué la resiliencia. Lo que nos permite reanudar la vida*. Editorial Gedisa.

Capítulo 12

1. Popularizado por la feminista estadounidense Peggy McIntosh en su ensayo de 1988 titulado *White Privilege: Unpacking the Invisible Knapsack* ('Privilegio blanco: Desempaquetando la mochila invisible'), en el que describe los beneficios y privilegios que los blancos experimentan en la sociedad estadounidense debido a su raza.
2. Catedrático de Psicología de la Universidad de Granada (diario *El país*. Daniel Mediavilla 12 de abril de 2023). En línea con estudios similares de diferentes autores con resultados parecidos, como el realizado por economistas de la Universidad de Berkeley que demuestran que «los emprendedores no tienen un gen especial para el riesgo, sino que proceden de familias con dinero».
3. En mayo de 2021, cientos de investigadores científicos firmaron una carta abierta pidiendo a la autoridad mundial Pew Research Center —reconocido *think tank* con sede en Washington— que pusieran fin a su uso de términos generacionales, argumentando que tales etiquetas son contraproducentes.
4. Estudio #TuEdadEsUnTesoro de la Fundación Adecco.
5. Según datos del CIS.

Capítulo 14

1. Vallejo, I. (2019). *El infinito en el junco. La invención de los libros en el mundo antiguo*. Ediciones Siruela.
2. Sparrow, B.; Liu, J. y Wegner, D.M. (2011). Google effects on Memory: Cognitive Consequences of Having Information at our Fingertips. *Science, 33*, pp. 776-778.
3. Zweig, S. (2012). *El mundo de ayer. Memorias de un europeo*. Ed. Acantilado.

Autores

Ana Matarranz

Es una alta directiva que cuenta con más de veinte años de experiencia en la gestión de capital y riesgos (sector asegurador) y consultoría de recursos humanos. Ha ocupado diferentes puestos directivos enfocados en la estrategia y el desarrollo del talento a través de la innovación, transformación digital, la sostenibilidad, la gestión del cambio, la promoción y desarrollo de las personas.

Cuenta además con una amplia trayectoria a nivel internacional como experta en estrategias de crecimiento orgánico e integraciones corporativas. Su profundo conocimiento y experiencia le han permitido liderar procesos de integración y transformación con éxito.

En la actualidad, es directora general de Howden Iberia para Human Capital & Benefits y de la consultora tecnológica Compensa, líder en estrategia de capital humano. Y es miembro de varios consejos asesores.

Anteriormente desarrolló su carrera profesional como directora general en Willis Towers Watson y Head de la división europea de Health & Benefits siendo responsable de lanzar e integrar la fusión de Willis, Towers Watson, Gras Savoye y Max Matthiessen en Europa. También ha desarrollado su carrera en compañías del sector asegurador como Mapfre y Caser.

En el ámbito de la diversidad, desde 2010 apoya de forma muy activa el desarrollo profesional de las mujeres liderando seminarios y eventos para mujeres directivas.

Es miembro del programa Women to Watch de PwC.

Ana es actuaria de seguros y máster en Práctica Actuarial Mapfre (CUMES). PDD del IESE. Programa de Transformación Digital por el MIT. Programa de Alta Dirección en Digital Business en The Valley Digital Business School.

Ha ganado los premios Empower Women in Insurance a Mujer Más Inspiradora (2022), Persona del Año por la Asociación de Jóvenes Profesionales del Seguro (2019), Women to Watch por PWC para futuros consejos de administración (2019), Willis Emerging Leaders Program (2014-2015) y el Leading Women de la revista *Business Insurance Europe* «Women to Watch» (2006).

Enrique Arce

Es director de Soluciones de Consultoría en Retribución y Beneficios en Compensa (Grupo Howden) y director de Servicios para la Gestión de la Diversidad, la Conciliación y la Igualdad, socio cofundador de People Matters (2003-2014) y patrono de la Fundación para la Diversidad.

Con anterioridad, fue responsable del área de Eficacia Organizativa de España en Watson Wyatt (1996-2003); gerente de Development Systems (1993-1996) y gerente de Andersen Consulting (1988-1993) en el grupo de Gestión del Cambio. Profesor en el Centro de Estudios Garrigues (2013-2022) donde impartía las asignaturas de Gestión del Talento en el máster de Gestión de Recursos Humanos dirigido a posgraduados. Profesor en programas para posgraduados en Recursos Humanos y en Instituto Universitario Euroforum (INSEAD, Madrid).

Autor y coordinador principal de *Diversidad & inclusión. Teoría práctica de gestión en la empresa* (Editorial Lo que no existe, 2022). Es autor y coordinador principal de *El mayor activo* (Almuzara, 2008) sobre la gestión de personas de más edad. Es colaborador habitual con la prensa y publicaciones especializadas y conferenciante en España y Latinoamérica en empresas y foros profesionales sobre gestión de recursos humanos y diversidad.

Colabora con la UAM y la Universidad de Deusto en el desarrollo de programas educativos y de recursos humanos; es profesor en la

Universidad de Deusto en programas para posgraduados (diseños experimentales).

Licenciado con grado en Psicología por la UAM, obtuvo el primer Premio Nacional de Memorias de Licenciatura (1986) por *Expectativas de control en estudiantes de BUP*, sobre la motivación como predictor del rendimiento académico.

Alfonso Jiménez

Partner de Exec Avenue, fundador de Recruiting Erasmus, miembro de los consejos asesores de Atrevia, Workday y Fundación AYO, preside del Consejo Asesor de la AEDRH y vocal de la junta directiva de la AED y Profesor en diversas universidades y escuelas de negocio.

Es doctor en Psicología por la UAM, PADE por el IESE y diplomado en Buen Gobierno Corporativo por el IC-A.

Antonio de la Fuente

Director corporativo de Personas, Cultura y Talento de Air Europa. Presidente de ADiReLab (Asociación de Directivos de Relaciones Laborales) y miembro del comité ejecutivo de AIAL (Expertos en Movilidad Internacional).

Es licenciado en Derecho por la Universidad Complutense de Madrid, diplomado en Derecho del Trabajo y Seguridad Social, técnico superior en Prevención de Riesgos Laborales y miembro de la Real Academia de Jurisprudencia y Legislación.

Esteban Betancur

Emprendedor. Socio fundador de Prisma Education, conTREEbute y de Prestigio donde actualmente es presidente ejecutivo.

Ingeniero con MBA en Westfield USA, cursó estudios de Liderazgo en Babson Collegue. Ha trabajado en multinacionales como Procter & Gamble (Colombia), Coca-Cola (París) y Airbus (Toulouse).

Fran Murcia

Director de Wellbeing en Howden Iberia. Exjugador de baloncesto, 20 años de carrera deportiva en varios equipos en la ACB y en la selección española de baloncesto y otros casi 20 años dedicado al bienestar corporativo. Devolviendo a la sociedad lo que el deporte le ha regalado, con formación en todos los ámbitos del bienestar.

Ignacio Mallagray

CMO de GILMAR Real Estate, profesor del PADDB en The Valley Business School y autor del libro *Transformación Competitiva.*

Jesús Torres

Alto directivo de recursos humanos con más de 25 años de experiencia en empresas multinacionales. Es presidente de la Asociación Española de Directores de Recursos Humanos.

Licenciado en Derecho por la Universidad de Sevilla, MBA por el IE y PDG por IESE.

José Antonio González

Director global de Relaciones Laborales Recursos Humanos en Hewlett Packard Enterprise.

Experto en dirección de Recursos Humanos y Relaciones Laborales con más de 30 años de experiencia en empresas multinacionales líderes de mercado en tecnologías de la información, IBM, Indra y, actualmente, Hewlett Packard Enterprise. Experto en definición y ejecución de estrategia laboral vinculada a la transformación del negocio. Experto en comunicación y desarrollo de personas. Presidente del Club de Dirección de Personas y Organización de ESADE Alumni. *Coach* Ejecutivo en ESADE Business School.

Manuel Álvarez

Asesor del gabinete del ministro de Inclusión, Seguridad Social y Migraciones. Experto en asesoramiento y consultoría de pensiones, vida y dependencia. Tiene una amplia experiencia en estrategia y desarrollo de negocio, productos y comercialización de ramo vida. También es analista financiero, innovador (ISR, RSC) y formador.

Mercedes Águeda

Es vicepresidenta de Recursos Humanos en Capgemini. Experta en gestión del talento y organización en diferentes geografías con más de veinte años de experiencia en entornos multinacionales complejos, M&A (fusiones y adquisiciones) y diseño organizacional.

Pablo Marina

Responsable global de Salud y Bienestar de Banco Santander. Doctor en Biología por la Universidad de Sevilla, inició su carrera como científico. Después trabajó en consultaría estratégica, en áreas de Salud y Sanidad en Boston Consulting Group. Tras su paso por Roche Farma, fundó su propia consultora, Proggeo Consultores, trabajando por Europa en proyectos de salud y sanidad.

Paloma Urgorri

Inspectora de Trabajo y Seguridad Social, ha desempeñado puestos de responsabilidad en la AGE, ha sido directora de Recursos Humanos de RTVE, vicepresidenta de ADIRELAB y profesora en la Universidad CEU San Pablo.

Sonsoles Martín

People & Culture Advisor Socia en Contexto Cuenta con más de veinte años de experiencia en el terreno de la consultoría de los recursos humanos, el desarrollo de negocio y la experiencia de empleado y del cliente en consultoras de primer nivel, abordando los retos de la gestión del talento con un enfoque *The human brand*, creando entornos de trabajo más humanos y de éxito para todos.

Susana Blasco

Directora de Compromiso y Experiencia en Zurich Seguros, tiene más de 20 años de experiencia en diferentes áreas de Recursos Humanos.

Es licenciada en Derecho por la UCM, máster en Dirección de RR. HH. y programa de Gestión Empresarial en INSEAD, ha desarrollado en su carrera profesional en puestos de dirección de RR. HH. realizando proyectos de reorganización, mejora continua y gestión del cambio.